发现语文的美丽视界

许 红 ◎著

民主与建设出版社
·北京·

© 民主与建设出版社，2020

图书在版编目（CIP）数据

发现语文的美丽视界 / 许红著. — 北京：民主与
建设出版社，2020.6
ISBN 978-7-5139-3051-2

Ⅰ. ①发… Ⅱ. ①许… Ⅲ. ①小学语文课－教学研究
Ⅳ. ①G623.202

中国版本图书馆 CIP 数据核字（2020）第080842号

发现语文的美丽视界

FAXIAN YUWEN DE MEILI SHIJIE

著　　者	许　红
责任编辑	刘　芳
封面设计	姜　龙
出版发行	民主与建设出版社有限责任公司
电　　话	（010）59417747　59419778
社　　址	北京市海淀区西三环中路 10 号望海楼 E 座 7 层
邮　　编	100142
印　　刷	北京政采印刷服务有限公司
版　　次	2022年6月第1版
印　　次	2022年6月第1次印刷
开　　本	710 毫米 ×1000 毫米　　1/16
印　　张	12.75
字　　数	230千字
书　　号	ISBN 978-7-5139-3051-2
定　　价	45.00 元

注：如有印、装质量问题，请与出版社联系。

　　语文是一门离生活与生命最近的学科，它有一种特殊的亲切之感。这些年，我一直倡导在生活中寻找语文元素，把语文生活化，将这个丰富多彩的世界呈现给孩子们。

　　语文是感性的，语文课程内容是感性的，学生也是以感性的方式来掌握语文的。语文教师要引领学生将平面的文字转化为立体鲜活的人物形象，让人物从文字中走出来，走到学生的跟前，走进学生的心中。

　　语文是一门美的学科。语文教师不仅要引导学生感受大自然的美，更要引导学生感受文学经典之美、日常

生活之美、社会生活之美、影视艺术之美……更重要的是，最终我们要引导学生由审美走向创造美。

语文教师就是为创造美而进行劳动的。学习语文，能使年幼的心灵高尚起来，能事先防止冷漠情绪。在孩子们创造美的过程中，我们自己也会变得更美好、更纯洁。这些年，孩子们在成长，我也在成长；孩子们收获了，我也跟着收获了。假期里把语文教学工作中的点点滴滴汇成这本册子，自娱自乐之余，也拿出来分享，不足之处，还望各位同仁批评指正。

最后，愿通过我的努力，学生能充分感受到语文的美，发现语文的美；希望在教学上能帮助孩子们找到最适合自己的学习方式，感受到学习语文的快乐，终身爱上阅读。我也期望能做到关注学生整体而持久的发展，用个人智慧开拓他们的视野，培养他们热爱生活的积极态度；我更愿意陪伴孩子们，一起学习，一起成长，一起成为更好的自己，师生共度一段美好时光！

目 · 录
CONTENTS

小课题研究：小学语文多样性主题活动探究

一、课题提出

课题提出的背景与所要解决的主要问题即自己在教育教学活动中遇到的实际问题以及实际结合，分析问题产生的原因。

现代社会，伴随着知识生产的分门别类，产生了越来越多的相对独立的知识体系，即所谓学科。以知识传承为目的之一的现代教学也因此有了自己的学科属性和学科建设任务。如今世界上不存在没有学科的高校，高校的种种人才培养活动是在特定的学科中展开的。在中国，也不存在没有学科的中小学，因为长期以来，中小学学科课程几乎一统天下，至今没有大的改观。与之相伴随的是分科教学制度，教师习惯于在既定的学科边界内按照学科固有的知识体系教授并指导学生的学习，一旦出现跨越边界的教学行为，会遭到这样或那样的质疑：这是语文课吗？或者这是什么课吗？

自《义务教育语文课程标准（2019年版）》（以下简称新课程标准）实施以来，部分教师积极响应新大纲精神，大胆探索，改进教育教学方法，努力冲破传统小学语文教学模式，取得了较好成效。与之相对应的另一部分教师继续沿袭旧式教学思路，手拿新教材唱着老歌谣，导致当前小学语文教学为应试而教。

课堂是语文教学的主阵地，学生知识的获取与能力的提高基本上是在课堂内完成的。任何一种旨在改革教学活动的研究和实践，都直接或间接地指向课堂教学效率的提高。如何建立大语文观，把课堂所学的知识无限延伸至生活中，让所教所学的知识活学活用呢？为此，课堂教学的效果问题引起了教育界的关注与研究，有效教学已成为提高课堂教学质量的迫切需要。而影响课堂教学效率的因素很多，既有人文性因素（教师、学生及情感因素等），又有科学性因素（教学目标的确定、教学过程的优化、教学方法的运用及教学媒体的选择、主题活动的策划等），调查了解课堂教学中学生学习状况，对于提高课堂教学有效性具有十分重要的意义。显而易见，就我国目前社会发展形式来看，跨越式的新型实验教学与止步不前的旧式教学模式都是不可取的。本课题就对小学语文教学现状及其原因做出简要分析并结合实例为走出困境寻找出路做出建设性探讨。

二、课题研究目标

课题研究目标是课题研究最后要实现的目标或者通过课题研究想达到的某些具体目的，说明研究要达到一个什么样的效果，形成什么。

1. 总目标

总目标是创设基于学科又超越学科的语文教学。语文学科是课堂学习与生活体验自然结合的产物，是学生多种能力的集中表现与体验。本课题实验是以培养学生将来参与社会活动所必需的核心素养能力为基本价值取向，其核心是引导学生把课堂所学知识活用于观察自然、体验生活、品味人生、关注社会、感受时代脉搏，让他们在生活中体味、揣摩、积淀语言，并在潜移默化中感受学科体验的乐趣，形成自主阅读、写作的习惯，表述自己对自然、社会、人生的独特感受和真切体验。

2. 具体目标

课题研究的具体目标可分为：

（1）通过本课题的实验，夯实学生语文素养积淀。

（2）通过本课题的实验，实施"经典诵读计划"校本课程计划。

（3）通过本课题的实验，实施书香班级体系建设。

（4）通过本课题研究，开展社会实践调查活动。

（5）通过本课题研究，探究多元的语文学习方式。

（6）通过本课题研究，提升教师专业研讨能力。

三、课题研究内容

课程研究内容指围绕研究目标具体要做哪些实验或活动，要说明完成或达成这些课题研究目标，具体要做些什么。

1. 通过本课题的实验，夯实学生语文素养积淀

课题实验分上下学期，组织各年级开展学月主题活动，一年级："遇见最美的春天"诗歌朗诵会；二年级："好故事，讲你听"活动；三年级："生活中的科学"观察活动；四年级："课内诗文诵读"活动；五年级："语文知识大比武"活动；六年级："初识伟人，走近鲁迅"专题学习。力求学生在丰富多彩的主题教学活动中，充分认识到诵读、阅读和写作的魅力，认识到运用语言是感受生活、表达情感的重要手段，体验到语文的丰富性和多样性，增强学生对语文学科的学习兴趣，消除部分学生对阅读和写作的畏难心理。

2. 通过本课题的实验，实施"经典诵读计划"校本课程计划

晨读和每周三阅读课程指导学生大量诵读古典优秀诗文，要求每学期完成70首左右诗词背诵。根据学生的差异制定了必读和选读内容，教材按低、中、高年级段选择《弟子规》《三字经》《看图读古诗》《千字文》《小学生必背古诗92首》《论语经典语句》等蒙学书籍。组织"诗配画比赛""诗文小报展览""诗文知识竞赛""背诵大王擂台赛"等活动，为学生提供展示大舞台，定期以展板形式推广宣传活动成果，并每学期表彰学习积极和学习优秀的学生。

3. 通过本课题的实验，实施书香班级体系建设

完善阅读课程内容，积极建构南实学校1至6年级必读书目体系。低年级阅读主题："我用绘本看世界"主题教学；中年级阅读主题："美丽书世界，阅读伴我行"整本书的阅读；高年级阅读主题："我的阅读我做主"多样体裁及系列丛书阅读。根据语文感性的学科内容、特点，再结合年级阅读主题，尝试开展"贝贝熊绘本系列丛书推荐会""《草房子》读书分享会""《几米》作品品读活动""我和影片有个约会"电影赏析会等活动，指导学生以感性的方式来认识和掌握语文，引领学生将平面的文字转化为立体鲜活的人物形象，让人物从文字中走出来，走到学生的跟前，走进学生的心中。构建语文的学科美，引导学生用心去感受大自然的美、文学经典之美、日常生活之美、社会生活之美、影视艺术之美……更重要的是，最终引导学生由审美走向创造。

4. 通过本课题研究，开展社会实践调查活动

结合年度青少年科技创新大赛活动，指导学生走入社会，自觉地观察生活，完成调查报告。培养学生发现问题和解决问题的能力，同时锻炼学生自主收集信息、整理信息以及小组合作能力，发展学生思维的灵活性、求异性和独创性。学生的调查报告以展板形式展出，要求现场讲解，具体阐述数据生成过程及结论得出的依据。

5. 通过本课题研究，探究多元的语文学习方式

"让儿童站在课程中央"，指导中高年级学生根据自己的需要创造他们喜闻乐见的"手帐文化"，如旅行手帐、美食手帐、名著手帐、二十四节气手帐等，让语文学习延伸至生活中，组织"学生手帐作品展览"活动，学生可在读书节活动推荐或分享自己的研究成果。

6. 通过本课题研究，提升教师专业研讨能力

基于"问题就是课题"的课题研究导向，潜心探索"小学语文多样性主题活动模式"，用理论和实践着力打磨课题研究组成员学习能力，从核心素养的目标、内容、方法、主体、机制等诸多方面汲取有益的启发，在课堂实践中提升教师的理论素养、教学实践能力和教学研究能力。课题组成员完成成果册一本。

四、研究方法

小学语文多样性主题活动模式研究方法有以下几种。

1. 行动研究法

课题研究组成员按低、中、高教材目标体系及流程，操作读写训练，组织学月主题活动，及时发现并研究实验中出现的问题，通过撰写课堂教学及活动反思、阶段性总结等方式不断积累经验。

2. 个案研究法

收集课题实验过程中有效、完整的个别案例资料，进行全面而又深入的研究，揭示个案形成的变化特点和规律以及影响个案发展的因素，提出相应的对策。

3. 调查法

课题主持人对课题实施过程本着不断总结得失的目的进行调查，撰写调查报告，明确结论，并提出可行性建议。

4. 文献研究法

文献研究法是利用互联网、报刊等收集与语文学科相关的、符合年龄特点的有特色的主题教学模式等相关的资料，关注该领域最新发展动态，吸纳经验，不断改进课题思想，优化课题实施过程。

5. 经验总结法

经验总结法指根据课题组实验教师所提供的材料和事实，分析概括并揭示其内在联系和规律，使之上升到理论高度。

五、研究的过程与做法

1. 改革传统课堂教学模式，用生活化理念进行引导

给学生创设语文实践的环境，开展多种形式的语文学习活动，改变只局限于教材、单一的课文教学的落后局面。

2. 挖掘符合年龄段的生活素材，开拓学生学习视野

在完成单元教学目标的基础上，引导学生走进生活，选取素材，用喜闻乐见、寓教于乐的形式表现所见、所闻、所感，用生活的元素丰富所学知识，逐步形成"生活化语文学习概念"。

3. 创新语文学科活动载体，搭建成长体验舞台

在语文多样生活化的研究中，要注重把学生的目光引向学校生活、家庭生活、社会生活，让学生做学习的有心人。要注重教给学生观察的方法，培养学生观察的能力以及小组合作、探究能力。引导学生学会关注身边的事，关注社会的热点新闻，要积极参与各项活动，在活动中大胆、自信地展示自我、表现自我，同时还懂得团队的协作和分享。

六、课题研究步骤

课题研究主要实施时间步骤或总体时间安排。

1. 准备阶段（2018年6月—2018年8月）

收集资料和展开调查。查阅与课题相关的文献资料，把主要的观点进行整理归纳和分析提炼，以文献综述的形式进行分析和探讨。同时，在小学阶段开

展关于语文多样主题活动组织现状和预期的问卷调查，做好统计和分析，为下一步研究做好充分的准备。

2. 实施阶段（2018年9月—2019年5月）

在上一阶段研究的基础上，进一步剖析小学语文课堂教学存在的问题，从中探索出符合学生年龄特点的主题活动，并且在组织活动的实践中归纳总结师生的成长收获；建立配套的评价和奖励机制，对于在实验过程中存在的问题进行反思和改进。

3. 总结阶段（2019年5月—2019年6月）

通过小学语文多样性主题活动的实验研究，课题组成员的理论和专业素养、实操能力得到进一步提高，语文课堂教学质量有显著提升。

七、课题预期成果

课题研究结题呈现研究成果的形式：撰写论文和结题报告。

（1）主持人和成员各完成3篇以上主题教学活动研究论文或个人反思。包括调查问卷数据分析、活动简讯、阶段性小结、半年中期报告等。

（2）完成结题报告和成果册一本（预期完成时间：一年）。

文本教学

上篇

有趣的观察日记

【教学目标】

1.通过观察具体实物，学习正确的观察方法。

2.完成观察日记一则，写出自己在观察中最感兴趣的地方，还可以写自己印象最深刻的收获。

3.日记格式正确，内容具体、有新意。

【教学重点】

把观察到的内容有条理地写下来，重点突出。

【教学难点】

指导如何仔细、正确地观察事物。

【教具准备】

猕猴桃一个、橘子若干、榨汁机、一次性杯子、酒精灯、打火机、过滤网、过滤网架。

【教学过程】

环节一：**游戏激趣**

课件出示若干水果，学生说出水果名称。

设计意图：游戏的导入符合中年级学生的特性，可以活跃课堂气氛，使学生由静到动，把学生的情绪调动起来，使学生积极、有兴趣投入新内容的学习中。

环节二：**巩固复习**

提出问题：写日记有什么好处？日记里可以写些什么？日记的格式是怎样的？

设计意图：本环节依托文本，紧扣本单元训练目标，文本复习，切入观察方法的指导，为新知识的讲授做好知识点的链接铺垫。

环节三：观察六法指导

"摸""看"。

设计意图：中年级学生好奇多动，生活中的他们喜欢观察，也善于发现。但是根据艾宾浩斯的遗忘规律，学生一下子得到的信息太多，遗忘快，教师先带领学生学习归纳整理信息的方法，用下水文的方式呈现此小环节的信息，也体现了中年级语文作文教学"先扶再放"的认知规律。

"听"。

设计意图：启发学生丰富的想象力，让求异思维发散，尽可能让学生多角度观察橘子实物，感受大自然中植物生长的魅力，同时，要充分利用课堂中生成的动态资源服务于作文教学，让学生"我手写我心"，看见什么，发现什么，就写什么。

"闻""尝""玩"。

设计意图：榨果汁、烧橘子皮的实验生动有趣，很吸引学生，动手实践，印象最深刻。在玩中，在小组合作中观察，学生多方位观察，各抒己见，并有更新观察点的发现。橘子带给学生的不仅是直观的感受，还有由此而激发产生的有关果园生长的联想等，由此带来的是一个立体呈现的橘子，一个感性认识的橘子。

环节四：日记写作指导

观察橘子方法今天要记牢：

一摸橘子光滑圆润手感好，

二看橘子外表鲜艳里面俏，

三听橘子想象声音真美妙，

四闻橘子清香扑鼻味道飘，

五尝橘子酸甜美味是个宝，

六玩橘子快乐收获真不少。

设计意图：将学习方法归纳，并用儿歌形式呈现出来，由读学写，以写促读，这符合中年级学生的认知学习心理；在写作方面，三年级孩子的习作偏向于概括性表达，什么内容都写，主次不分，所以此环节重在引导学生细心、连续观察，并指导学生按一定的顺序，详略得当地将自己最想写的、最感兴趣的部分写具体，做到重点突出，避免面面俱到。

环节五：作业

完成观察日记一则。选择一种自己熟悉的水果，把它的特点写出来。

设计意图：此环节既巩固了本单元习作方法，留的作业又能让学生的习作水平上一个台阶，拓宽了学生的思维空间，在深度上有所发掘。同一种水果，多种写法，让学生灵活运用素材，写出不同风格的文章。

与新课标同行

一、课标，你用了吗？

让我们先来看一组数据：《义务教育语文课程标准（2019年版）》（以下简称新课标）作为教学指导性文件，在一线教师使用过程中是否起到了指南作用呢？《教师报》读者俱乐部做了一个在线抽样调查，结果显示，65.5%的教师经常参照课标进行教学，27.9%的教师偶尔参照课标，6.6%的教师基本不参照课标。

就普通教师而言，研究课标的人不多，对照课标来备课的人则更少，在实践中，教师更看重手中现成的教案和网上的参考资料。课标似乎离我们很远很远，教师对于课标的认识非常模糊，缺乏深层次的研究，只有要参加说课比赛或要上公开课，面对一些无法明晰的问题时才会去翻阅课标。有的教师虽然能较好地组织课堂教学，但是不太清楚课与课之间的联系，对教材缺乏一个框架的把握。还有的教师认为课标对自己的教学起不到什么作用，但越到后来，就越发觉自己的学科视界越来越狭窄，总感觉随着新教材、新理念的应用，自己对教材的整体把握欠缺，在多次的重复中毫无新意。

课标其实应该是教师教学的灵魂，是教师把握教材、吃透教材、变通教材的指导书，是教师教学理念的引领者，没有课标，教师的教学就没有灵魂，教学就会陷入经验主义的泥潭，缺乏科学性和创新性。

二、新课标，你学习了吗？

这次语文课标修订仅文字修改就有200多处，很多是吸纳了大家的意见，表述得更准确、清晰，详细阅读后，会发现许多亮点。

1. 适当减负

减负不仅是学习负担的减少，更是追求学习效率的提高。例如，过去一、二年级就要求会认1600~1800字，会写800~1000字。现在减少识字量，改为认识1600字，会写800字。进一步提倡多认少写，不再要求四会。

2. 更加重视写字与书法的学习

针对目前电脑普及之后，学生写字能力普遍下降的现象，并依据小学阶段不同年龄学生语言发展特点和小学语文识字、写字教学情况做了适当调整，低、中年级适当减少了写字量，高年级相应增加了写字量。强调"正确的写字习惯"，强调书写的规范和质量。明确要求"在小学，每天语文课都要求安排随堂练习，天天练字"。

3. 倡导多读多写，日积月累

新课标将"语文又是母语教育课程"变为"语文课程是学生学习运用祖国语言文字的课程"，将"更多地直接接触语文材料"修订为"多读多写，日积月累"。多读多写是需要诸多条件的！让全体学生多读多写，对学校的资源配置要求很高，对教师的教学素养要求很高，对家长也有明确的要求。试想一下，学校、班级、家庭没有更多的书，学生怎么读？一套小学六年制语文教材，只有340篇课文、3000多个生字。当我们穿过凝重的历史走廊，面对五彩缤纷的精彩世界，传授给孩子的难道仅仅是这些单薄的知识，或者说这就是我们给予孩子的全部？显然，仅仅靠一套教科书，是无法满足孩子学习需求的，多年来语文教学都习惯指导学生反复操练读题答题技巧，做了大量的题，可是书没有读多少，积累不足，语感不强，语文教学成了无米之炊。所以新课标特别写上这样一句："培养学生广泛的阅读兴趣，扩大阅读面，增加阅读量，提倡少做题，多读书，好读书，读好书，读整本的书。"

4. 写作要求

现在作文教学那种完全面向考试的做法不但助长了假大空的文风，助长了文艺腔，是变了味的"八股文"，对学生的人格成长也有很强的负面作用。新课标强调要倡导生活写实，倡导"我手写我心"，引导鼓励学生自由地表达和有创意地表达，写真话、实话、心里话，不说假话、空话、套话。强调教学上客观地运用语言评价，对有新意的表达多加鼓励，能写通顺、清晰的文字尤为重要。

5. 生本理念得到进一步强化

以新课标前言改动为例，"面对社会发展的需要"改为"为适应和满足社会进步与自身发展的需要"，特别加上适应和自身发展，新课标更注重个体生命的发展，强调个体的不断成长，而不是仅仅强调个体服务于社会，可谓与时俱进。

三、与新课标同行

在我们的课堂里，该如何来诠释新课标呢？笔者曾就《白杨》一课教学进行过认真的思考。说到新课标的运用，我们可以用一个字来概括——变。旧变新，繁变简，呆板变灵活，填鸭式变启发式。

1. 课堂模式的变——人性化

新课标是这样要求的，"学生是学习和发展的主体"，在整个教学过程中，怎么避免广泛存在且泛滥成灾的填鸭式教育呢？那就是教师要学会让出时间，把宝贵的时间让给学生不断质疑，不断释疑。这就是新课标指导下人文性发挥到极致的展示。最突出的一点就是课堂角色的转变。所谓"课堂角色的转变"，其实说到底就是学生成了课堂的主人。"多方互动重引导"。纵观我们整堂课，如果教师直接传授的部分凝练简洁，更多的是一种纽带、桥梁的作用，那么师生互动、生生互动的场面就随处可见。《白杨》一课中，多个关键的问题都是由学生自主提出，而后由其他同学各抒己见来解答的。例如，"我不明白爸爸明明是在说树，干吗用了'坚强''不软弱''不动摇'这些写人的词呢？""爸爸为什么又陷入沉思，他在想什么？""爸爸的嘴角为什么浮起微笑？"。这些问题充分体现了学生课堂主人翁精神，提高了学生自主学习的能力。当然，教师的适时点拨在这里也发挥了重要作用，整堂课就是在教师润物无声地衔接中获得成功的。

2. 阅读方法的变——多元化

新课标提出："逐步培养学生探究性阅读和创造性阅读的能力，提倡多角度的、有创意的阅读，利用阅读期待、阅读反思和批判等环节，拓展思维空间，提高阅读质量。"所以，"学生独特的感受、体验和理解"是阅读课的追求之一，而《白杨》这堂课要出色地完成这个教学重点，笔者认为必须做好以下两点。

（1）各式阅读齐争鸣。整堂课指导学生分别使用了略读、精读、自读、范读、自由读、反复读、熟读背诵等多种阅读方式，让学生在读的过程中体会到课文的深层含义，如在学习"高大挺秀"这个词时，就用了反复读这一阅读方式，不仅让学生领会其深层含义，也为后面分析扎根新疆的建设者的精神做好了铺垫。

（2）阅读方法巧传授。在教学过程中，教师尊重学生阅读的独特体验，并适时引导学生总结出好的阅读方法，是非常重要的。例如在课堂上，教师有三次与学生分享心得，非常自然地带出抓住重点词阅读、联系上下文阅读和反复思考阅读这三种阅读方式的好处。在课堂结束时，还可以对阅读方法进行及时复习，强化记忆。

3.训练设计的变——全面化

新课标提出："语文教学要注重语言的积累、感悟和运用，注重基本技能的训练，给学生打下扎实的语文基础。同时要注重开发学生的创造潜能，促进学生持续发展。"

在《白杨》一课教学中，教师可以为学生提供大量的机会、时间和多样的形式去训练。例如，在语言积累方面有：填空和背诵段落；在语言感悟方面有：总结和概括。针对五年级学生的已有知识和已经学过的语言技能，同时还可以增设造段训练和口语交际训练这两个教学环节。造段是承句启篇的重要训练形式。本文中"哪儿……哪儿""不管……不管……总是"这两组关联词就可以进行造段训练。为了降低难度，适应课堂教学节奏，还可以出示时下的新闻素材帮助学生突破训练难点：

（1）在汶川，志愿者们为灾民搭建帐篷；在北川，志愿者们为灾民分发食物；在成都，志愿者们在为灾民筹备物资。（哪儿……哪儿）

（2）道路毁了，志愿者的车依然在前进；余震来了，志愿者们的脚步没有停歇；困了、累了，志愿者们忘我工作、不离不弃。（不管……不管……总是）

学生根据以上两组材料，用关联词造段。因为引导得法，学生就说出了这样的语段："哪儿需要志愿者，他们就在哪儿忙碌。不管道路是否被毁，不管余震是否来临，他们总是忘我工作、不离不弃。"

同时还可用以北京奥运会为内容的造段作业来巩固学生的语言运用技能。这样做，学生才会进入意境，进入角色，进行有实际意义的语言训练，获得真切的感受，而且可以积淀口语交际经验，培养语言的实际运用能力。同时这一教学环节也激发了学生丰富的想象力，学生联系课文内容，展开想象，在想象中既加深了对课文内容的理解，也受到了生动活泼的思想教育，课堂教学效果得到了优化，实现了语文工具性与人文性的有机统一，让工具性从静态走向动态，推动语文课改的华丽转身。

综上所述，课标离我们并不遥远，当你潜下心来，静静地想一想，你会发现，它就在你的课堂里，从未走远！让我们与课标同行！

儿童诗，让语文学习如此温暖

一、儿童诗可以如此温暖

什么是儿童诗？儿童诗是指适合儿童欣赏阅读的诗歌作品，它既可以是成人写的，也可以是孩子自己写的。儿童诗比较雅致，具有音乐美感，因为孩子天性中有对韵律和节奏的追求。儿童诗中有丰富的想象，想象要奇特、新颖、有创意，才能吸引儿童。两件看似不相关的事物，往往因为想象而造成传神的诗意，也因此而激发儿童的想象。

例如，人教版六年级上册第六单元的诗歌《爸爸的鼾声》。

就像是山上的小火车/它使我想起/美丽的森林/爸爸的鼾声/总是断断续续的/使我担心火车会出了轨/咦？/爸爸的鼾声停了/是不是火车到站了？

儿童诗还要表现儿童的想象世界，从孩子的心灵出发。再来欣赏台湾作家林武宪写的儿童诗《鞋》。

我回家把鞋脱下/姐姐回家把鞋脱下/哥哥爸爸回家/也都把鞋脱下/大大小小的鞋/是一家人/依偎在一起/说着一天的见闻/大大小小的鞋/就像大大小小的船/回到安静的港湾/享受家的温暖

在实际教学中，学生们特别喜欢儿童诗，孩子就是天生的诗人，他们丰富的想象力，让语文学习变得如此温暖。《肖申克的救赎》里有句名言，有些鸟儿是永远关不住的，因为它们的每一片羽翼上，都沾满了自由的光辉。同理，即使是年幼的孩子，他们也拥有诗歌创作的能力，看到什么就说什么写些什么。你看看，雨轩同学写的惠州的《红花湖》多美！

红花湖，湖真大，

绿道绕着环湖跑。

花儿多，树木茂，

风儿花间采蜜忙。

山青秀，水更净，

天然氧吧空气好。

骑车道，脚儿踩，

文明锻炼身体好。

二、儿童诗可以如此生成

中国诗歌历史悠久，从《诗经》《楚辞》到唐诗、宋词、元曲，诗歌一直是中国文化的核心精髓，也是中国人文生活的坚实基础。

孔子说："不学诗，无以言。"不是说没读过《诗经》就不会说话，而是说学习过，会有更好的表达能力，诗是语言的精粹，读诗学诗，进而有所得，在表达上会产生特殊的感染力。无论古诗还是现代诗，都需要一个相对有效的阅读浸润和培育的过程，所以说儿童诗的创作，可以通过不断观察和思考，从孩童独特的视角和生活理解，让各种所见、所闻、所想插上语言的翅膀……有趣的儿童诗，是把看起来不可能的事物连接在一起，从而产生崭新的语言学习意义。儿童诗，是把距离遥远的词语巧妙运用，碰撞出新的词语，产生了新的隐喻。诗歌语言，或者说诗性语言就像一把梯子，那么小学阶段的孩子通过不断学习、积累，一旦拥有了语言的梯子，他们就插上了想象的翅膀，可以飞到世界上所有的地方。诗歌的语言就如飞鸟，飞来飞去，天空、白云、风、森林、河流、草地……所有他们认识的事物都可以信手拈来囊括进诗歌里。

花是不会飞的蝴蝶，

蝴蝶是会飞的花。

蝴蝶是会飞的花，

花是不会飞的蝴蝶。

花是蝴蝶，

蝴蝶是花。

有童心的孩子是错不了的，他们的观察是对的。谁说我们就是为了学一首诗而已呢？很简单，花和蝴蝶孩子都见过。看似简单，但是这首诗是经典的，同时还含有深刻的哲理。生活无处不诗歌。莞惠城际轨道通车了，睿齐同学和妈妈去坐了一回，把自己的感受写成了诗歌《莞惠新干线》：

> 在宽敞明亮的候车厅，
>
> 来来往往的人们忙个不停。
>
> 坐上飞驰向前的城际车，
>
> 沿途风景道不尽啊！
>
> 看见了诗情画意的西湖水，
>
> 还看见了山清水秀的银瓶山。
>
> 美丽的惠州幢幢高楼拔地起，
>
> 山头上棵棵荔树挂着小灯笼。
>
> 我高兴地对妈妈说，
>
> 我越来越喜欢美丽的大惠州啦！

朱光潜老先生曾说："像一切其他艺术一样，诗要说的话都必定是新鲜的。但是世间哪里有许多新鲜话可说？诗的疆土是开发不尽的，因为宇宙生命时时刻刻在变动进展中，这种变动进展的过程中每一时每一境都是个别的，新鲜的，有趣的。"在朱老先生看来，生活中的"所见所闻所感"最重要。"特别新鲜有趣的东西本来在那里，平时并不容易感受到，因为习惯会蒙蔽住我们的眼睛。"而孩子们和成人不同，他们恰恰有一双仿佛被清水洗过的眼睛，在孩子的视野里童年世界是多么的有趣和多样。这一切都是最天然的诗歌素材。2016年，学校的赖宇键同学得了重病，全校学生为他捐款，我们班上的小廖同学还写了一首诗《生命是一片蓝蓝的天》送给他。

孩子都有一颗动情的心，每个孩子的心灵都是一首美丽的诗篇。课堂的任何瞬间，学生都有可能被文本中某种情思感怀所牵动，"自主仿写"的这一教学环节落实了语言文字训练，给足了学生畅所欲言的表现空间，使学生享受"长期积累，偶然得之"的喜悦，呵护了他们纯洁无邪的诗心，使得他们的情感得以迸发，心灵得以碰撞，从而做到尊重学生的情性与个性，努力提高学生的语言表达能力和创意思维能力。

三、儿童诗可以如此诵读

经过时间的筛选，流传下来的优秀诗歌已经成为超越民族、超越国界、超越时空的不朽经典，叩击着一代又一代人的心灵，我们总是能在丰富多彩的诗歌世界里进一步感受诗歌的魅力，寻觅属于我们的那份感动。

在诗歌的韵律中，心确实能够沉静下来，因为诗歌，是节奏，是韵律，是超越日常语言的优美表达。儿童诗还有另外一个作用：拓展想象。一千个人，有一千种对"两只黄鹂鸣翠柳"的理解和想象。现在的孩子多数读绘本，虽然视觉语更适合孩子理解，但是具象化的画面也是没有办法给孩子想象的机会的。

朗读总是与文学和情感密不可分。儿童文学作家曹文轩说，通过朗读，人们可以通过声音世界过渡到文学世界。梅子涵先生也说，老师（妈妈）朗读的声音是伴随着体温和深情走进孩子内心的。所以，朗读从来就不仅仅是一种技术，它总是传递着温暖、情感和美好，把人们带向诗意的远方……一起来欣赏诗歌吧，一起诵读孩子们写的《今天我看见》和《美丽的拼图》。

《今天我看见》：今天我看见/两个月亮/一个新的/一个旧的/
我很相信新月/可我猜它是旧的。

《美丽的拼图》：每次听到您/下班回家的脚步/我心中的快乐/
就像好不容易完成了一幅拼图/爸爸/我们这个家的拼图/
很美丽很美丽/是一块也不能少的……

晨读课或语文课上，笔者喜欢与孩子们一起浸润书香，畅游在语文世界里。用文字温暖童心，用声音唤醒童真，生活因书香而幸福，生命因朗读而精彩。

读着，读着，会发现诗里是有声有画的。每首诗里，都有着作者美的灵感，而大声读，可以将这种美还原，字正腔圆，在声情并茂中融入作者的思想灵魂，凝聚起精神力量，隔着时空对话……

给孩子们读诗吧！和孩子们一起读诗吧！大声读他人作品是学习的过程，大声读自己的作品实质是修改完善的过程。朗读儿童诗好处多，诵读和背诵还可以把情绪最广泛地调动起来，诗歌的音韵美、节奏美、气势美，也只有在诵读中才能真正感受到；文字的起、承、转、合，也只有在诵读中才能深刻地体会到。

期望能经常与孩子们创作的美好诗篇相遇，儿童诗，让语文学习如此温暖！

参考文献

[1] 叶开.对抗语文：让孩子读到世界最好的文字［M］.上海：复旦大学出版社，2015.

儿童诗歌教学的理念及教法探讨

——以《太阳是大家的》为例

　　《太阳是大家的》是一首充满和平意味的儿童诗歌，是人教版第六册的教学内容，这首诗歌想象丰富、文字优美、意境深远，学生非常喜欢。在教学过程中，要想让学生深入理解诗歌的深层含义及语言魅力，需要教师的有效引导。

一、儿童诗歌教学中要把握好几个原则

1. 积累原则

　　儿童诗歌知识的获得和由此生成的情感、品质不是靠一首诗、一堂课能解决的，它需要长期培育，既包括学生的多记、多诵，也包括教师的反复讲解、反复熏染，要在教学中贯穿循序渐进的教学思想，由浅入深，由易到难，注重积累。教师为学生制订切实可行的诗歌学习计划和行之有效的训练方法尤为重要。

2. 简化原则

　　儿童诗歌教学应充分考虑儿童的知识储备，思维、表达能力等客观因素，结合实际情况，在尽量保持诗歌原有形式和内涵的基础上，增加直观性和趣味性，贴近儿童生活，不能以教成人的解读方式来组织教学。

3. 体验原则

　　小学教材的诗歌作品以陶冶学生情操、培养学生品质的题材为主，在教学时，要侧重对诗歌形象性的感知，必要时可借助多媒体手段，帮助儿童建立语

言文字和直观形象事物之间的联系，进而建立诗歌的情感和个人的情感之间的联系，使学生进一步理解诗歌意境。

4. 发展原则

语文教育和人的发展具有密切的关系。诗歌是母语体系集大成者，儿童诗歌教学对于学生语文素养的提升、文化历史的传承和审美情趣的陶冶有着重要的作用。在教学中要始终贯穿知行统一，通过诗歌的背景介绍、情感体悟，使学生感知历史文化的脉搏，感受美好、高尚的情操。

二、儿童诗歌教学的教法分析

1. 把握好情感表达线

教师要善于在文本中解读出承载的情和义，让身心沉浸在情感的滋润中，这样才能把握教学目标，扣住情感线，去抒情，去感染学生，让课堂魅力无穷。例如，《太阳是大家的》的主题是地球友爱、世界友爱，结合画面和诗歌内容，教学的意旨在于通过诗歌品读，让学生懂得地球是人类的共同家园。世界各地的人虽然肤色不同、语言不同，但是大家有一个共同的愿望，那就是让世界充满爱，让人间充满信任。细细品读诗歌，发现诗中的美是一个双向互动的题眼，美字既诠释了主题爱与信任，又是四节诗歌语言的情感原点。就第一节诗歌来说，"从东山上升起的太阳，到西山上就要落下"这句诗，揭示了美的内涵。这样的解读，能引导学生在课堂讨论中找出一个原点，拉出一条线，画成一个圆，让课堂形成一种圆形的立体多维结构，增强亲和力和吸引力。

2. 把握好朗读技巧，读出情味

教师要把握好朗读的情感基调、节奏及重音，声情并茂地读出诗文的情和意，表达自己的情感，促进感悟的内化与升华，给予学生尝试的空间与时间，让学生畅所欲言地交流自己的体悟，在互动评价中掌握情感的基调，最后进入意境，身心融入而忘情地朗读。例如，《太阳是大家的》最后一句："我知道，此时，那里的小朋友和鲜花，正在睡梦中等她，盼她……"是总结句，从语调来说，应当高亢点，节奏稍微紧凑些，语速稍快，特别是"我知道"和"此时"应读出重音，但"等她"和"盼她"应重音轻读。师生共读、教师引读、同桌互读等形式多样的朗读，能够使语言训练的目的更加突出，逻辑关系更加密切，感情色彩更加鲜明，从而把情感推向高潮。

3. 运用好互动教学路径

教师要做到胸有成竹，探索运用师生互动、有滋有味的简单教路。由于儿童的认知水平和生理、心理特征有别于成人，他们尚处于启蒙阶段，因此，课堂教学必须高度关注童心和童趣。一般而言，教师要依据学生的实际、教材特点和知识能力点，采用设计要点及突破重难点的方法和领悟情感的方式，让学生悟出诗歌味儿来。教学过程要简单，感悟方式与方法要明了、易于感悟，并且能运用操作。这样，教师才能灵活驾驭课堂，放飞学生的个性，让课堂充满生机活力。例如，《太阳是大家的》教学重点是引导学生朗读、背诵诗歌，难点是理解诗歌的含义，体会表达的情感。根据诗歌的内容、画面及课后思考交流题，引导学生思考：①查找资料：人们是怎样表达对太阳的热爱的？②揭示课题：教师引导学生观察画面畅所欲言，从而揭示单元主题——地球友爱，心中有爱。结合预习，将理解"太阳是大家的"，作为探究的问题。③整体感知：了解诗歌从哪些方面记叙了太阳是大家的。④品味重点词句：探寻诗美，悟出诗情，总结感悟方法。⑤感情朗读，重在过程：自读感悟—交流评价—指导促进—创设情境—交流品读。这样的导向，围绕着情感线，扣住重点词句，感悟中将文脉的思想和赏析品味结合，达到了三维目标的整合，同时，也将诗歌的语言与情感味注入学生心中。

4. 联系实际，学以致用

教师在教学中要引导学生注意诗来源于生活，是诗人对生活的感悟，注意借助诗歌运用联想、想象、比喻、排比等手法来表达自己独特的情感和生活体验，品出诗歌的韵味，逐渐走进诗文意境场景，走进角色，与人物共鸣，与作者交心，享受人文陶冶与情感震撼。例如，《太阳是大家的》第二节诗歌，"一天中太阳做了多少好事：她把金光往鲜花上洒，她把小树往高处拔，她陪着小朋友在海边戏水，看他们扬起欢乐的浪花……"感悟太阳做的好事的词句，围绕着好事进行体悟：①联系生活实际，理解"太阳做的好事"指的是大家生活在同一个地球上，享受着阳光温暖。②走进意境，体悟平等与尊重。③走进角色，结合插图，感悟同一蓝天下各国儿童一起游玩的快乐与幸福。这样

的品悟，深入浅出，引导学生用视野去发现美，用心灵去体悟美，诗味——语言所传递的情深深印在了心灵上。

三、儿童诗歌教学的教法指导

1. 走进生活，启发丰富联想

在熟悉诗歌的基础上，教师可以向学生推荐一首优秀儿童诗《有太阳真好》：

有太阳真好/小苗会长高/桃树会开花/人格外有精神/有太阳小鸟会唱歌/有太阳地球就有颜色/有太阳水可以变热/有太阳妈妈洗的衣服就晒干了。

通过声情并茂的朗读把学生带入浓浓的诗的意境中，学生再模仿诗中句式进行口语训练，一首首充满童趣的小诗就产生了：

生1：有太阳真好/有太阳我很快乐/有太阳的早上起来很轻松。

生2：有太阳真好/有太阳草儿、花儿很灿烂/有太阳小鸟叽叽喳喳唱歌。

生3：有太阳真好/有太阳就有春天/春天我们可以放风筝。

教学实践告诉我们，儿童时期是形象思维发展的最佳时期，爱想象是儿童的天性，儿童诗的教学可以极大地丰富孩子的想象力，培养孩子敏锐的观察力和创造力。诗情画意的教学情境让人感叹：不是学生不会发现美，关键是教师要善于擦亮学生的眼睛。孩子是天然的诗人，如果教师能给孩子一粒种子，相信孩子们会给我们带来整个春天。

2. 走进意境，寻找生活载体

我们要清醒地认识到，想让孩子们真正学会写诗，仅仅会模仿、会联想是不够的，还必须让孩子们从五彩斑斓的生活花园里采撷诗的花朵。因为对于很多事物，大部分学生并没有经过细致的观察和切身的体验，写出来的作文往往枯燥乏味，没有生活的气息。所以，学习诗歌，不论是课堂教学，还是诗作指导，都要以学生独特的生活感受为载体，学科活动、体育活动、文娱活动、快乐的童年生活……往往是儿童诗教学的最好契机，带孩子们到大自然中去感受、去体验，去寻找灵感，在孩子激情涌动的时候，让他们把自己独特的感受记录下来；还可以利用校园和教室一切有效空间，尽可能多地展示孩子们的诗作，激发孩子们创作诗歌的热情。

教学实践证明，诗歌教学是拨动儿童心灵的琴弦，诗教活动给孩子们带来了无尽的激情和欢乐，而给教师们带来的是感叹和惊喜。教师应为儿童完整地欣赏诗歌、创作诗歌创造各种有利条件，包括保证有充足的欣赏时间，有宽松的理解氛围，尽可能地让儿童身临其境，采用有效的教学方法与策略等，这样才能真正组织好诗歌的教学活动，让儿童诗歌充分发挥其价值功能——让每一个孩子爱读诗、爱作诗，让孩子们的想象力在广阔的空间自由地飞翔。

参考文献

［1］刘文锋.浅谈小学语文诗歌教学［J］.素质教育论坛（上半月），2010（1）.

［2］陈军.谈"诗一般"的小学诗歌教学［J］.教学天地，2010（8）.

［3］叶枫.《太阳是大家的》教学谈［J］.小学教学研究，2009（10）.

［4］陈艳.小学语文教学的有效性探索——以诗歌教学为例［J］.陕西师范大学继续教育学报，2012（S1）.

读书，我们生活的必需

——论经典诵读的教育意义

　　4月23日是"世界阅读日"，这是全世界读书人共同的节日。读书不但可以提升个人精神生活质量，而且对于民族和国家具有特殊意义，因为一个民族的精神境界，在很大程度上取决于这个民族的阅读水平。

　　第二次世界大战期间，有一个记者问英国首相丘吉尔："莎士比亚和印度，哪个对你更重要？"当时印度是英国最大的殖民地，印度的财富、人口、土地，应该说对英国有足够的诱惑，然而丘吉尔回答说："我宁可失去50个印度，也不能失去一个莎士比亚。"

　　此言令人深思。世界上那些生命力强大的民族，几乎都是热爱阅读的民族、善于阅读的民族。例如，世界上哪个民族的人读书意识最强？犹太人。犹太人平均每人每年阅读65本书，我们中国是多少？有人统计过，每人每年不到5本，这还包括教科书。你想想，一个读5本书的民族，怎么能跟读65本书的民族去竞争呢？全世界的犹太人只有3000多万人，但是犹太人创造的财富和奇迹举世闻名。近代这一两百年的历史，犹太人几乎影响了全世界人民的思想。

　　每一届诺贝尔奖获得者当中几乎都有犹太人。区区的3000多万人，他们在那样恶劣的沙漠环境里创造了多少先进的技术？农业技术、空间技术、军事技术、计算机技术……很多领域他们都处于世界领先地位。为什么犹太人能够做出这样辉煌的成就？因为他们热爱读书。500万以色列人，订的英文报纸就是100万份。犹太人小孩出生后的第一件事，就是在《圣经》上涂上蜂蜜，让婴儿去舔，让他从小就知道书是甜的。犹太人对书的崇拜，近乎对宗教的崇拜：不允许把书踩在脚下，不允许把书放在脚边，而是要放在枕边。

当前，阅读的问题已经成为我们整个中华民族的大事情。最近有关部门组织的"全国国民阅读调查"显示，我国国民图书阅读率连续6年持续走低。再来看看学校的读书情况：教师们生活在校园里，环境相对封闭，工作又十分忙碌，一年到头在日复一日的教学循环中穿梭，光放电，不充电。绝大多数教师很少去读书，整日被正统的作业或教科书、工作压力所包围。在去图书馆的教师中，语文教师竟然是最少的！学生们的阅读现状也让人担忧：大量的课外阅读可以为学生提供良好的智力背景，促进其个性的健康发展。但是一些学生和家长，甚至是部分教师对此的认识却失之偏颇。可见，由于长期以来受应试教育的影响，被誉为开启智慧之门的课外阅读受到了无辜的冷落。保留数据表明，更多的学生在电视与课外书之间更喜欢前者，但是如果让学生过分地依赖声像材料，久而久之，儿童感受语言文字的能力就会削弱。

让阅读成为我们的生活必需，让书籍成为我们的精神伴侣。无论是古代的还是现代的，无论是中国的还是外国的，无论是科技的还是人文的，凝聚着人类文化精神的读物都应进入我们的视野，这样我们才能成为人类文明之火的传薪者。

一、不可或缺的精神——为什么在小学阶段实施经典诵读工程

如果实事求是地分析一下，人们就不难发现：从某种意义上说，即使撇开"文化大革命"的那10年，差不多从20世纪以来，不仅仅是在教育上，我们对于优秀传统文化的传承，也是处于一种青黄不接的境地。尽管不能简单地指责语文教育"误人天下苍生"，但是十几年的正规教育竟然不能使学生对祖国的古典诗文有一个最基本的了解，这一事实却无可争辩地证明了我们学校教育对传统文化的冷漠。

一些海外华人教授反映：不少中国留学生外语好、数理化好、经济头脑好，但却不了解长城、黄河，不了解文天祥、史可法，不了解孔子孟子、唐诗

宋词。试想，对自己国家的地理、历史、文化如此缺乏最基本了解的人，又怎么能有感情、有责任地为祖国服务呢？随着素质教育的不断深化，我们越来越困惑，忽然一下子找不到感觉了。毫无疑问，我们培养的是适应21世纪需要的新型人才，他们当然要接受现代的科学技术文化知识，但是我们是一个具有5000年悠久历史的国度，这是一个基本点，忽视这一点是不明智的。素质教育的内涵相当厚重宽泛。作为小学教育，尤其是不能仅仅把素质教育认定为多开设一点音体美活动。学校教育既要面向世界，又要继承传统，要用现代化科技与传统文化来共同滋养学生。2005年11月，南坛小学实验学校正式成为"全国百所经典古诗文诵读学校"。小学生求知欲旺盛、记忆力强，正是诵读古诗文的最佳阶段，因此，在小学生中开展"古诗文诵读"活动，遵循循序渐进的原则注意根据学生的年龄特点，选取那些对于治国、持家、学习、工作、为人处世有益的，甚至可以说是能够终身受益的诗文进行诵读。对学生进行诗文素养的培养，这是时代的呼唤，是加强思想道德教育、弘扬民族文化和民族精神的重要途径。

二、筑起水量充沛的"都江堰"——学生读书的意义

中华古诗文是我国历史长河中一颗璀璨的明珠，从楚辞汉赋到唐诗宋词，泱泱大国的诗风词韵陶冶了一代又一代的华夏儿女。尤其是古诗词，短小精悍，字字珠玑，常常是一字惊人，千锤百炼的诗句蕴含着丰富的情感和内容。

"床前明月光，疑是地上霜。""天苍苍，野茫茫，风吹草低见牛羊。"朗朗上口的古诗词，小孩子很容易就能背诵。作家余秋雨曾说过："在孩子们还不具备对古诗文经典的充分理解力的时候，就把经典交给他们，乍一看莽撞，实际上却是文明传承的绝佳措施。幼小的心灵纯净空廓，由经典奠基可以激发起他们一生的文化向往。我本人10岁左右就背诵了不少诗文，直到40多岁能够较深刻地回味这些诗文的含义时，禁不住以万里漫游来寻找这些诗文的描述实地和写作实地，真是感受无限。"小说家金庸说外国人常问他什么叫中国特色，他说，只要把中华古诗文拿出来，随便背一篇就能说明问题。他的一位英国教授朋友来中国，早晨起来散步，一位正在修剪花枝的园丁向

他打招呼："春眠不觉晓，处处闻啼鸟啊！"他乘船过三峡，又听一位水手吟道："……轻舟已过万重山。"他感慨不已：一个连贩夫走卒都知道古诗文的国度，文化根基自然了不起！让孩子们背诵古诗文不是要让他们学习很多知识，更多的是让他们接受一种情感的、民族性格的熏陶，要的是他们继承那温柔敦厚、乐而不淫、哀而不伤的诗教，使孩子们能养成孔孟所提倡的至大至刚的人格。

春秋战国留下的哲学思想，让我们能在做人、行为处事、治国等方面有所依据；诗经、楚辞、唐诗、宋词、元曲等文学作品陶冶了我们的精神层次；八卦、易经、理学、禅宗思想也扩大了我们的视野和大脑的想象空间。或许有人会怀疑，多看多读中华古诗文经典就更能使自己立足于未来的科技时代？请不要怀疑古籍帮助我们的能力。而最重要的是令自己的大脑多汲取不同的思想，可发挥想象力的自由度，多读诗词、文学著作可提升人的气质和专心程度。如果我们要想使自己成为一个有用的人，这两个条件都是不可或缺的。20世纪，绝大多数文人都受过中国传统文化的熏陶，国学根底很深，包括茅以升那样的理工科学家在内，产生了一批大师级的人物。近几十年，为什么我们没有大师级人物？为什么没有产生世界性的著作？我觉得，除了封闭、贫穷、"文化大革命"等原因外，一个很重要的原因是人们传统文化的底子太薄。孩子们不可能读那么多哲学书，做那么多形而上的思考，而解决这个问题最好的办法就是诵读古典优秀诗文，那些名篇、名句都是人生哲理、中国魂。在心灵纯净的童年时期记诵下来的东西，如同每天的饮食，会变成营养成为生命的一部分，长大之后在学习、工作、待人接物中会自然运用出来。至于成年后再来读这些书，因为有了先入为主的观念，犹如脾胃不健康的人，即便面对丰盛的美食，也难以吸收其营养了。

现在的学生可以为了考试得高分，猛啃教科书，却不愿花一些时间去阅读一本好书，哪怕欣赏一篇短文，除非教师补充说"这个会考"。长久下来，我们的阅读领域变得极为窄化，所能接受的只有漫画或言情、武侠小说之流，这种现象不仅可叹也十分可悲。

因此，传承中国传统文化，学校一定要建立起"书香班级"，形成一个书香小社会。我曾实施了一个读书计划：指导学生背诵《弟子规》《三字经》

《千字文》……从低年段抓起，从读书抓起，希望学生能利用人生记忆的黄金时期，把中国传统文化中最经典、最精华的作品牢牢刻在心灵深处，融化到血液里，努力让这些浓缩了中华民族品格和精神的作品构成孩子一生发展的文化根基，让学生们在生命长河的源头，筑起水量充沛的"都江堰"。相信，传统文化经典随着岁月的流逝和孩子的日益长大，会释放出源源不断的清流，滋养他们的思想，升华他们的人生。

三、静听自己成长的拔节声——学生读书的态度

"外面的世界很精彩，外面的世界很无奈。"的确如此，现在的孩子接受的信息方式和途径不断改变着新生一代的阅读习惯。电影、电视、多媒体、上网等视听媒介使孩子们接受信息的来源大大丰富起来。有人说，21世纪是眼球经济时代。视听，使孩子眼球运动频繁，声觉系统灵敏，对于以安闲静憩为主要特点的读书，孩子的兴趣显然降低了。

呼唤静读，远离尘嚣，让浮躁的心灵变得平衡和充实，宁静而致远，唯阅读能达到之。孩子们在人生黄金时期大嚼文化快餐，这是何等令人痛惜的浪费啊！孩子们太需要真正的充实和滋养了，我们不能数典忘祖，不能光是"蜂蝶纷纷过墙去，却疑春色在邻家"。我们要从《论语》《孟子》中重塑民族精神，唯其如此，羽翼才丰满，视野才开阔，目光才远大，胸怀才宽广。"判天地之美，析万物之理"，庄子的一句名言能给人的精神以强烈的震撼，那当然是这句格言本身所具有的气魄。一个从事教育的人就应当拥有这般审视天地之大美的博大胸怀，就让我们用中国最传统、最朴素的教法把孩子们学习经典诗文的热情充分激发和调动起来。相信在我们的教学实践中，它会再次证明：现代化不拒绝传统，现代化需要传统，关键是我们应当怎样创造性地继承传统。

"春雨断桥人不度，小舟撑出柳阴来"，总有一种力量让人感动。总有一些事情会有人来做。冲破浮躁与喧哗，我们南坛实小的"经典诵读计划"如一茎新苗悄然破土了，尽管还带着些许稚嫩。按照每学期70首左右的数量，学校教研处分别编选了适合一到六年级的古诗词，按年级分为上、中、下三部分，并为适应学生的差异设了必读和选读两部分。低年段的孩子背诵《弟子规》《三字经》《看图读古诗》；三至五年级学生则诵读《千字文》《小学生必背

古诗92首》《论语经典语句》等蒙学书籍。刚开始，学生手里拿着薄薄的小册子，里面有好多字不认识，有好多句子的意思不明白。看着这些，教师们不无担心：对听惯了流行歌曲、看惯了卡通片的孩子们来说，冷不丁地要求诵读这些经典，学生真的能接受吗？谈起初时的实验，韩小红老师笑着引用了李白的一句诗："小时不识月，呼作白玉盘。"随着时间的推移，学生们背诵古诗的兴趣和能力有了很大的提高，速度越来越快，已经进入了良性循环。第一个学期下来时，学生已经集体背诵了近30首古诗，比整个学年的还要多。原来几个学习成绩较差的学生还通过背诗找回了自信呢！就本班的学生而言，经期末检测，全校被评为背诵能手的达28人，其中一星级诗人13人，二星级诗人10人，三星级诗人5人。

固定课外阅读的时间，是保证阅读质量的一个重要条件。学校课程安排上，每天早上7：40—8：00为全校性经典诵读时间；中午1：50—2：10为自主阅读时间；每班每周一节阅读课。"几处早莺争暖树，谁家新燕啄春泥。"为了调动学生的积极性，教师们群策群力，想尽了办法：低年级的小朋友轮流做"一日小老师"，带大家范读诗歌；有的班级还建立"古诗小档案"，每背诵一首古诗，由教师签名奖励，盖上小红花。对于中高年级的学生，教师们还以班级、年级为单位，指导学生进行各种诗文活动："诗配画比赛""办诗文小报展览""诗文知识竞赛""背诵大王擂台赛"……对教师探索出来的这些方法，学校都及时给予总结、肯定、完善，而后都以展板的形式加以推广宣传，并每学期表彰一次。

意味深长的是开展诵读活动，首先受到冲击的是我们的教师。有的教师不好意思地说："开展这一活动，没想到实际上是先给我们自己出一道难题。原来在学校学的那一点知识在学生面前还真有点捉襟见肘了。因为学生们所接触的已经远远不是学校编选的那本小册子了，冷不丁地冒出一句诗词来向你请教，任谁学富五车也是难以一下子抵挡得住的。而且，很多'吃不饱'的高年级的学生，已经由字面理解向赏析过渡了。今天的老师，还能像三味书屋的先生那样很不高兴地说一声'不知道'吗？在学生的眼里，教师应该是无所不能的啊！"真的是应验了那句话："一年不学习，自己知道；两年不学习，同事知道；三年不学习，学生知道。"对于教师来说，一劳永逸、以不变应万变已经是不可能的奢望。"要给学生一杯水，老师须有长流水"啊！

对于阅读我们失望过，但我们从来就没有绝望过，我们心里依然心存美丽的期待。我和学生们一起读过《三毛流浪记》《宝葫芦的秘密》《中华上下五千年》……就这样，在油墨的芳香中，在纸页翻动的声音中，在文字的遨游中，我们体会到难以表达的满足和富有。孩子们认识了安徒生、张天翼、余秋雨、张乐平……在安徒生、格林创造的童话世界里认识坏心的巫婆、狡猾的狐狸、可怜的灰姑娘、白雪公主和七个小矮人……学生们无形中在脑海里对童话书里人性的善恶、是非的判断，建立了基本的价值观。我们在读《弟子规》的时候，懂得了"父母教，须敬听""事虽小，勿擅为"的为人处世的道理。

记得在指导孩子们看《三毛》系列丛书时，有的孩子哭了，他觉得三毛太可怜了！是的，三毛所生活的那个时代，已经成为过去，但是了解过去，了解历史，却是每个人都必须完成的一份答卷。因为了解过去，了解历史可以让成长的脚步更沉着、更坚实，可以让视野更宽广、心胸更博大。

在一个人成长的过程中，除了新鲜的空气、灿烂的阳光以外，更需要的是冷静的思考，以及心灵的感动和震撼，而这些，在阅读《三毛》的时候，孩子们都能够得到。三毛已经永远地沉淀在无数人成长的记忆中，相信在未来的岁月里，三毛依然会带给我们许多宝贵的东西，让我们体验苦难和不幸，也懂得同情，学会关怀和珍爱。

我们引领着孩子们光顾那个一望无际、五彩缤纷的世界，在茫茫书海中，让孩子们感受到天的高远、地的广漠、阳光的灿烂、空气的清新、自然的奥秘、宇宙的神奇……就这样，我们在书的世界里流连，在书的世界中陶醉，在书的世界中静听自己成长的拔节声。2006年6月我们举办了一次经典诗文诵读成果展示会。展示会上，先后有200多个孩子，或诵，或唱，或歌，或舞，运用各种活泼的形式，把经典诗文演绎得有声有色。展示会达到高潮时，坐在台下的1000多名小学生情不自禁地跟着台上的孩子一起高声诵读，甚至一些家长——有年轻的夫妻，有满头白发的爷爷奶奶，也兴致勃勃地跟随着诵读起来……台上台下，齐声呼应，一时间整个大会堂诗声琅琅，动人心魄。面对此情此景，人们的心中充满了深深的感动！谁说我们的孩子只喜欢打打杀杀的动漫？谁说我们的孩子只热衷于网络游戏？当孩子们真正接触了这些凝练优美的诗文佳作，当孩子们真正进入了经典的世界，他们的审美趣味会自然而然地高尚起来，他们的举止会自然而然地文明起来，他们的修养气质会自然而然地高雅起来……

有专家这么说过："在特别注重和强调创新意识与能力的知识经济时代的今天，世界各国都有一个如何面对本民族传统文化的重大课题。相当一部分国家都是从提倡让中小学接受本民族的传统经典文化入手的。现在不是孩子们的爱好出了问题，而是我们教育自身出了问题——对传统的丢弃，让我们变得越来越飘零、浮躁。营造经典诗文诵读的氛围，运用各种丰富多彩的形式，把孩子们的目光牵引向经典诗文的美丽田园，让孩子精神生命的根深深扎在民族文化的沃土里。"是的，等到那个时候，我们收获的，不仅仅是孩子们语文修养的提高，不仅仅是孩子们气质修养的变化，更是民族灵魂的回归，是民族精神的复苏和振兴。这样成长起来的孩子，才可能既具有中国灵魂，又拥有世界眼光！

"半亩方塘一鉴开，天光云影共徘徊。问渠哪得清如许？为有源头活水来。"稻花香里说丰年，听取"娃"声一片，每天早上，从每间教室里传出琅琅的读书声是那样动听。想象着，当我们的孩子们爱上唐诗宋词的时候，当我们的孩子充满深情地吟诵着"天地玄黄，宇宙洪荒，日月盈昃，辰宿列张，寒来暑往，秋收冬藏……"无数个诗声琅琅的家庭，又会给我们整个社会带来什么影响？我想，每个人都能得出明确的答案。当读书将成为了他们一生习惯的时候，我们的国民素质将会发生根本的改变。那是我们民族的福祉！也是我们教师的骄傲！最后，就以学生们朗诵的一段台词作结吧：

先天下之忧而忧，后天下之乐而乐，

这宏伟的抱负，崇高的情怀警策着多少仁人志士忧国忧民、积极进取，

青少年是祖国的未来民族的希望，

我们如乳虎，

我们如朝阳，

少年智则国智，

少年强则国强，

少年雄则国雄，

我们将以传承民族文化振兴国家为己任，光大我中华！

"奇石"落脚在哪里？

——《黄山奇石》课堂实录

热身互动口令：

掌声拍手法：棒棒棒，你最棒！我最棒！

小耳朵，认真听；小眼睛，看老师。

小嘴巴，不说话；小手指，竖起来。

一、课前活动

认识生字：闻名、景区、南部、秀丽、尤其、仙桃石、巨石、天都、奇形怪状、猴子观海、仙人指路。

二、视频播放黄山美景，导入新课

师：大家欣赏的这段视频，你看到了什么景物？

生：很多怪石。

生：石头的形状各种各样。

师：这里的石头跟我们平常看见的石头有什么不一样？

生：石头特别有趣、形状很奇特。

师：教师相机板书课题：黄山奇石。学生书写课题后齐读课题这两个词语。黄山奇石奇在哪些方面呢？要求读出课题奇字的韵味。

师：课件播放，你眼前就是这种奇特的石头，走在黄山的山路上，抬头向前看（可以看见黄山的奇石），因为有很多奇特的石头，所以来黄山旅游的人特别多。（游客们都来看黄山的奇石长什么样子？它的形状奇在哪里？）

设计意图：要求"读出课题韵味"，在读的时候，巧妙地把课题组的词序调换地读，让学生带着问题读，想象着场景带着体验进行朗读。

三、初读课文

师：现在我们就走进课文，品读课文的文字是怎么描写这些奇怪的石头的。请用自己喜欢的方式朗读课文，边读边圈出课文中出现了哪些奇石？

生：有仙桃石、猴子观海、仙人指路、金鸡叫天都、天狗望月、狮子抢球、仙女弹琴。

师：谁来说说课文里作者主要写了哪几块奇石？

生：主要描写了仙桃石、猴子观海、仙人指路、金鸡叫天都。

师：你最喜欢哪块石头？能说说自己喜欢的理由吗？

生：我喜欢仙桃石。

师：你能在书中找到描写仙桃石的句子吗？

师：（引读）听了这位同学的朗读，我们知道了这块奇石的名字叫（仙桃石），它的样子非常奇特，长得好像（一个大桃子）。

师：作者用比喻的手法向我们展现了这块石头的神奇之处：它的形状像（一个大桃子），比喻修辞手法的运用，可以让我们对仙桃石的认识更加（具体、形象、生动），请同学们把课文中这句话用波浪线画出来。

师：仿句练习：＿＿＿＿＿＿＿＿＿好像＿＿＿＿＿＿＿＿＿。

设计理念：这一段课文采用了引读法。第1次，认识了名字；第2次，知道了石头的样子；第3次，理解了作者运用比喻的手法把句子写具体了。三次引读，分别预设了不同层次的问题，层层深入，让学生快速掌握这个段落的文字内容，为正确、流利地朗读、背诵课文做了很好的铺垫。

师：谁来说说第二块石头？

生：猴子观海。

师：说说你喜欢的理由。你对喜欢猴子观海的理由说得多好啊！老师发现你特别棒，准确地抓住了猴子观海的几个动词（抱、蹲、望）。

师：学会了抓住动词的方法，真是学有所获呀！同学们再看看图片，你能

说说它的样子吗?

师:(引读)在一座陡峭的山峰上,有这样(一只猴子),看看啊,这座山峰有多高多直啊?多难爬啊(陡峭),山峰又高又直就是(陡峭)而就有一只这样的猴子,它就住在又高又直的(陡峭的山峰上),它(它两只胳膊抱着腿,一动不动地蹲在山头,望着翻滚的云海。这就是有趣的猴子观海。)日复一日,年复一年,无论什么时候,游人来到黄山,都可以找到这只猴子。不动笔墨不读书,请你们在课文第三自然段圈出这些动词。

师:聪明的小朋友们,这只猴子每天望着美丽的黄山,它可以看到什么不同的景象呢?它还会想些什么呢?甚至它会对游人说些什么呢?

设计意图:敏锐地抓住训练点,别开生面地进行语言训练设计。猴子的看、想、说这一意象,可以引发学生的丰富联想,这一切入,符合学情,学生的口语训练素材呈现多样化,可以说说日出日落的景象,可以说说云海翻腾、气象万千的美丽壮观,可以说说游人如织的所见所闻等,这种语言训练中有丰富的内涵、丰厚的情感。

师:同学们的想象太奇特、太有趣了。就在这美丽的黄山中藏着一位神秘的仙人,一般人看不到它,请看课文第四自然段告诉我,它是谁?

生:仙人指路。

师:范读本段课文,仙人指路就更有趣了!远远望去,那巨石真像一位仙人站在高高的山峰上,伸着手臂指向前方。

师:男女同学分读课文,提问:仙人指路,它在给谁指路呢?

生:来来往往的游客。

生:给在山中迷路的人们指路。

师:是啊!这位"仙人"站在高高的山顶上,指引着人们呢!你看它正指引着游客去欣赏黄山的美景呢?

春天,阵阵微风吹过,吹开了彩色的野花,吹出了嫩绿的叶芽,黄山就像仙女下凡一样,身穿花裙,头戴花环,多美啊!读_____。

夏天,雨水剧增,黄山又换上了一套绿色的大袍子,草青树绿,郁郁葱葱,犹如一片绿色的海洋,成了天然的氧吧。读_____。

秋天,秋天的黄山,好像是天上的仙人洒下了一盒多彩的颜料,红的、黄的、绿的、橙的……五彩缤纷、绚丽夺目，让人赞叹不已。手指向＿＿＿。

冬天，一片片洁白的雪花从九天之上飘落下来，一眨眼，黄山就披上了一层神秘的面纱，就像冰雪奇缘中的爱莎公主，圣洁高雅，美丽动人。手指向＿＿＿。

师：同学们觉得黄山美吗？仙人指路让我们感受到黄山的四季美，不得不赞它神奇的魔力。

师：这美丽的黄山中不仅住着神秘的仙人，第5自然段课文还介绍了谁？

生：金鸡叫天都。

师：看看图片，金鸡在哪，怎么看出它是鸡的？

生：它尖尖的嘴巴，翘起来的尾巴。

师：谢谢你的介绍，描述得非常生动，我眼前仿佛就出现了一只大公鸡。

师：（引读）每当太阳升起，（有座山峰上的几块巨石，就变成了一只金光闪闪的雄鸡。）这只金光闪闪的雄鸡（它伸着脖子，对着天都峰不住地啼叫。不用说，这就是著名的金鸡叫天都了。）

师：我并没有看见金光闪闪呀，怎么回事？

生：只有太阳照到它的时候才会闪闪发光呢！

师：说明时间很关键，要想看到这只金光闪闪的雄鸡我们就得早早起床。

师：早起的鸟儿有美味的虫子吃，早起的游客能看到金光闪闪的大雄鸡，这只雄鸡伸着脖子做什么呢？啼叫些什么呢？

生：叫游客起来看美丽的日出！

生：催赖床的小朋友起来爬山锻炼身体，顺便看看美丽的黄山。

师：是啊！这只金鸡用它那热情的叫声，唤来了许多游客来黄山欣赏这些神奇的石头！我们用最热情的感情再来朗读这一段课文。

设计意图： 在引导学习文本内容的过程里，所学知识和学生已有的生活常识建立起了联系，实现了知识的迁移，这也是《义务教育语文课程标准（2019年版）》里"情感与价值观维度"的目标，不间断地提问和反复朗读，可以感受到学生思想的成长过程，教师不断地鼓励与评价，同时也把学生的思维引向文本解读的深处，有利于激发学生的思考，有利于引发更多学生的更精彩的发言。这部分的讲授，多是读书，谈感受。语言和思维，朗读和感悟有机地结合起来，才是有韵味的朗读，从文本里面抠出情感来读，这才是真正的读书。

师小结：在你们热情（优美）地读书声中，我们结束了对四块奇石的学习，大家觉得黄山的石头奇不奇（奇），现在老师说，你们读句子，看看谁的反应最快，一边读，一边做动作，看看谁表演得最好。

仙桃石真神奇啊！它好像＿＿＿＿＿＿＿＿＿＿＿＿＿＿＿。

猴子观海真神奇呀！它两只胳膊＿＿＿＿＿＿＿＿＿＿＿＿。

仙人指路更神奇呢！远远望去＿＿＿＿＿＿＿＿＿＿＿＿＿。

金鸡叫天都太奇特啦！每当太阳升起＿＿＿＿＿＿＿＿＿＿。

小朋友们表演得真生动，老师都忍不住给你们点赞呢！

四、思维拓展

小小作家话奇石。除了这四块，还有三块奇石作者只提到了它们的名字，它们是：板书天狗望月、狮子抢球、仙女弹琴。现在老师就请我们班的小作家们用你们神奇的手来写写这三块石头吧！请拿出任务单，最好能用上这节课我们学到的比喻还有动词。小作家们开始吧！

五、总结全文

展示：随机展示朗读，注意时间，请3个学生朗读自己的习作。（你把天狗望月这块石头写得真有趣，你通过认真地观察图片把狮子抢球写活了，谢谢你，谢谢你的分享，你真是一位优秀的小作家）

同学们能活学活用，真让老师佩服，黄山的石头说不完道不尽，叫人叹为观止，叫人浮想联翩，叫人流连忘返，怎一个奇字了得。

六、课外拓展

一路上我们不仅看到了千奇百怪的奇石，还有有趣的松树，我们一起来看看。

迎客松：伸着手臂，热情欢迎全世界的游客。

陪客松：它像绿巨人站在那，陪同游客欣赏黄山的美景。

还有许多送客松、盼客松等着你们去发现。

向学生推荐一本《黄山奇松》。

《威尼斯的小艇》教学设计

【设计目标】

语文教学不仅仅是为了让学生学到教学内容中显性存在的语言文字，更要让学生领会到内容中隐性存在的情感、思维和精神，这样才是全面、完整的语文教学。

【设计特色】

帮助学生透过语言文字，探究内在的课文思路。

【教学过程】

（一）释题，猜测文章写作重点

1. 板书课题：《威尼斯的小艇》

请学生释题：威尼斯是意大利的一座古城，小艇是一种船。

2. 从课题看，文章的重点应写什么？

请学生朗读《威尼斯的小艇》，概括文章主旨，并找出《威尼斯的小艇》的特色。

3. 这篇文章是怎样来写威尼斯小艇的？

请学生再次自读课文，并思考相关问题。

设计意图：让学生充分地审题猜想，以拓宽学生的思路，尝试运用"读文画艇，读文写批注"的方法，引导学生理解课文"河道纵横交叉，小艇成了主要的交通工具，等于大街上的汽车"这一中心内容，了解威尼斯独特的风情，为下文学习"抓住事物特点写具体"打下感性理解的基础。

（二）初读，探究文章写作中心

1. 学生带着问题初读课文

要求：①读通课文；②了解大致内容；③发现疑问；④找出中心句。

2. 交流

你认为文章主要写了什么?

写了小艇是一种交通工具,小艇的外形特征,船夫的驾驶技术特别好和威尼斯的夜景。

3. 你们认为文章的中心句应该是哪一句?

讨论、辨析得出:小艇成了重要的交通工具。

设计意图:本课教学设计将小艇作为贯穿全课教学的主线,课始让学生通读课文,对全文有一个整体的了解,是提高阅读效率必不可少的第一步。

(三)研读,探究文章的行文思路

1. 自读课文,思考问题

"小艇成了重要的交通工具"是中心句,那么文章应处处围绕这一句来写。请大家细读课文,文章的哪些部分在重点说明小艇是重要交通工具?

(学生自己研读、思考、圈画、讨论、交流,并准备陈述理由。)

2. 交流自学、讨论思考结果

设计意图:这一环节要充分尊重学生的自学成果,让他们全面陈述自己的思考过程,允许同学质疑、争论、补充,达成共识,以获取对课文内在结构的理解,学会读懂文章。

重点讨论以下要点:

(1)写小艇的形状,说明小艇是重要交通工具。理由:

像独木舟,像天边的新月;行动轻快、灵活,像田沟里的水蛇,船舱舒适、讲究——适合人乘坐。

(2)写船夫驾驶技术好,说明小艇是重要交通工具。理由:

①船夫驾驶技术好是熟能生巧——人不离船,手不离桨。

②船夫驾艇操纵自如,挤进挤出,船速极快——适合作为重要交通工具。

(3)写商人、女人、小孩、老人都雇艇外出活动,说明小艇是重要交通工具。理由:

①什么人都得坐船才能外出。

②不论干什么工作都需要船。

(4)写威尼斯的夜景能不能说明小艇成了重要的交通工具?(这部分是理

解的难点，要让学生充分地讨论后写出自己的阅读感受。）

启发思考：

① 为什么剧院门口人散艇散？

②威尼斯的夜晚在什么情况下变得静寂？

（水面沉寂后，小城也就静寂。）

③ 讨论交流，让学生体会到：艇停城静，艇动城闹。说明威尼斯古城的热闹与静寂是与小艇的动与静密切相关的，因为艇不动了就说明人们也停止了活动。所以夜景也说明小艇是小城重要的交通工具。

设计意图：这一环节采用批注式阅读法，放手让学生自主阅读，然后发表自己对课文内容的独特感受。一是学生做到人人在课堂动脑筋，锻炼了思维能力，又锻炼了记笔记的能力，利于学生养成不动笔墨不读书的良好习惯。二是充分尊重学生，从"小艇与威尼斯的夜景有什么关系呢？你从课文哪些地方看出来的？"这一问题入手，让学生自读自悟，教师只是在学生遇到困难时给予帮助，体现了学生自主学习、自主探究的新理念。这一环节，学生动口读，动手记，动脑想，调动了学生多种感官刺激，提高了课堂学习效率。

3. 再读课文，体会文章结构的精妙

想一想作者是怀着一种什么样的心态写威尼斯的小艇的？（让学生根据自己的体验来回答。）

（四）迁移，学习文章的写作方法

1. 出示第3、4自然段

"威尼斯的小艇有二三十英尺长，又窄又深，有点儿像独木舟。船头和船艄向上翘起，像挂在天边的新月，行动轻快灵活，仿佛田沟里的水蛇。"

"船夫的驾驶技术特别好。行船的速度极快，往来船只很多，他操纵自如，毫不手忙脚乱。不管怎么拥挤，他总能左拐右拐地挤过去。遇到极窄的地方，他总能平稳地穿过，而且速度非常快，还能作急转弯。两边的建筑飞一般地往后倒退，我们的眼睛忙极了，不知看哪一处好。"

2. 仿写

你认为这两段话有哪些写作方法很值得我们学习？学着作者的方法，任意

选一段，试着仿写。

_____

_____

3.出示赛车图，播放一段赛车的录像

设计意图：本环节设计源于部分学生缺乏把句子写具体的方法，因此，为学生提供图片、录像，让学生把工夫花在写具体上。创设了学生进行语言实践的机会，拓展了学生学习的空间。

（五）作业超市

1. 必做

（1）有感情地朗读课文；背诵第1～4自然段。

（2）第2或第4自然段，任选一段仿写。

2. 选做

（1）抄写自己喜欢的句子。

（2）仿写第2和第4自然段。

（3）收集苏州和威尼斯最有代表性的图片各一幅，比较异同点，再为每幅图配一段文字。

设计意图：采用菜单式作业，学生除必做作业外，可根据实际自选一些适合自己的作业做。这样"下保底线，上不封顶"，又在一定程度上减轻了学生的心理负担，解决了一些学生"吃不饱"的问题，实现了因人作业。

【板书设计】

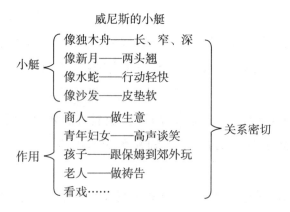

　　设计意图：这个板书设计直观、简洁，以内容为主，抓住了文章最主要的内容，有助于学生理解课文，提高概括能力。

　　【**教学反思**】

　　要把学习方式由被动接受转变为学生自主探究，关键在于设计好富有挑战性的问题。本教案以中心句"小艇成了重要的交通工具"探究课文是如何处处围绕这一句来写的，具有较强的穿透力。如此以一题统领全文，不仅产生了以简驭繁的解读效应，而且也真正为学生提供自主探究的时间和空间。

变出另一片天空

——对《白杨》课堂教学实录的探讨

大家好！很高兴有机会和大家一起学习语文课例《白杨》，一起共同研讨交流，再次感谢今天的精彩讲课。

今天，研讨的主题是"结合课例学习新课标"。大家思考，怎么学习新课标？让新课标与我们同行？我们可以用一个字——变来概括。旧变新，繁变简，呆板变灵活，填鸭变讨食（启发式）。

而变，我们又认为，今天的《白杨》课例最突出的一点就是体现了课堂角色的转变。所谓课堂角色的转变，其实说到底就是学生成了课堂的主人。因为新课标提出"学生是学习和发展的主体"。这堂课充分体现了这点，在整个教学过程中，我们看不到以往广泛存在且泛滥成灾的填鸭式教育，看到的是学生不断质疑、不断释疑，学生在老师的点拨下，思想发生碰撞，不断生成动态的课堂资源，学习氛围浓厚，这就是新课标指导下人文性发挥到极致的展示。

发现这个亮点后，基于学习、借鉴的考虑，我们再来积极探讨形成这一特点的原因，可以总结出以下三点。

一、课堂模式的变——人性化

新课标提出："语文课程必须根据学生身心发展和语文学习的特点，关注学生的个体差异和不同的学习需求，爱护学生的好奇心、求知欲，充分激发学生的主动意识和进取精神，倡导自主、合作、探究的学习方式。"《白杨》一课的人性化主要体现在以下两点。

1. 平等民主师生乐

这堂课无时无刻不在洋溢着一种和谐、平等的气氛。不管是教师在引导学生时用的话，诸如"请""让我们""能不能""我有一些心得跟大家分享""我又有心得""自己读，超过老师"等，还是在给学生的个性化评语方面，如"提得很好""这个办法真好""总结得不错""理解得这么好""你的发现很独特"等，它们都发挥了重要的作用。整堂课是教师和学生在共同探讨、共同学习，让人感到轻松、亲切。

2. 多方互动重引导

纵观整堂课，教师直接传授的部分少之又少，教师更多的是起到了一种纽带、桥梁的作用。师生互动、生生互动的场面随处可见。课堂中多个关键的问题都是由学生自主提出，而后由其他同学各抒己见来解答的。例如，"我不明白爸爸明明是在说树，为什么用了'坚强''不软弱''不动摇'这些写人的词呢？"，又如"爸爸为什么又陷入沉思，他在想什么？""爸爸的嘴角为什么浮起微笑？"……这些提出的问题充分体现了学生课堂主人翁精神，体现了学生自主学习的能力。当然，教师的适时点拨在这里也发挥了重要作用，整堂课就是在教师润物无声的衔接中走向文本学习的更深处的。

二、阅读方法的变——多元化

新课标提出："逐步培养学生探究性阅读和创造性阅读的能力。"所以，学生独特的感受、体验和理解是阅读课的核心要求，而《白杨》这堂课也出色地完成了这点要求。

1. 各式阅读齐争鸣

整堂课学生分别使用了略读、精读、自读、范读、自由读、反复读、熟读背诵等多种阅读方式，学生在读的过程中能有层次的、逐步体会到课文重点段落词语、句子的深层含义，如教师在课堂中相机采用反复读这一阅读方式，在读中悟，在悟中读；在读中交流，在交流中再读，化整为零，学生会更容易领会其深层含义，记得更牢固。

2. 阅读方法巧传授

在学习新课内容中，教师尊重学生阅读的独特体验，并适时总结出好的阅读方法，以平缓的语气与学生分享，这是让人十分欣赏的做法。而抓住重点词阅读、联系上下文阅读和反复思考阅读这三种阅读方式的交替进行，则相得益彰，还有让人很惊喜的课堂动态资源的生成，道理很简单，学生读懂了课文句子，自然也就有了思考，而后提出问题。在课堂结束前，应该对阅读方法及时复习，强化记忆。

阅读理解的背后，涉及的是两种不同的思维方式：创作思维和赏析思维。作者在创作作品时，是饱含感情的，文本会有种种的象征和隐喻，这就是创作思维；但赏析思维不同，赏析思维更多的是一种解剖，它的本质是学习。事实上，我们对任何作品的阅读，本质上都是学习的过程。通过对作品的层层解剖，甚至对重要段落句子的肢解和放大，以习得其包含的技巧，走进作者情感深处，与之产生共鸣。但小学阶段，我们必须区分事实作者和隐含作者。事实作者曾经存在或者依然存在，是一个有血有肉的鲜活个体。但是，对文本解读来说，重要的不是去挖掘这个事实作者的经历和思想，也不是去访谈活着的作者，而是要通过文本那些基本的语言去建构那个隐含的作者内心的情感。所以，联系上下文的学习概念，在高年级段的阅读教学中必须教会学生运用，让学生在后续的课文学习中运用自如。

三、训练设计的变——全面化

新课标提出："语文教学要注重语言的积累、感悟和运用，注重基本技能的训练。"在本课教学"拓展环节"中，教师为学生提供了大量的机会、时间和多样的形式去训练：填空、背诵段落和总结和概括。

但在语言的运用方面只进行了造句的训练。这种难度、强度和训练面是不够的。老师们研读后给出建议：针对五年级学生的认知体系，应增设造段训练和口语交际训练这两个教学环节。只有教师抓住时机，为学生提供说话的机会，为学生创建口语交际的平台，才能将"提高学生对语言的运用能力"这一基本点落到实处。具体操作如下（课件展示）。

1. 造段训练

进行两组关联词造段训练："哪儿……哪儿""不管……不管……总是"。

出示时下的新闻素材：

汶川志愿者们在为灾民搭建帐篷，北川志愿者们在为灾民分发食物，成都志愿者们在为灾民筹备物资（哪儿……哪儿）；以"北京奥运会"为内容造段巩固学生的语言运用技能（不管……不管……总是）。

2. 口语交际训练

课例中，教师让学生以讨论和观看图片的形式突破情感理解的重点——父母对孩子的期望，但我们认为口语交际的形式更为适用。

师：孩子们不知道爸爸的心，你们知道吗，能否把这告诉孩子们？

出示句式：我会对孩子们说："＿＿＿＿＿＿＿＿＿＿＿。"

师：孩子们听了你们这些话，知道了爸爸的心之后会对爸爸说些什么？

出示句式：爸爸，我想对你说："＿＿＿＿＿＿＿＿＿＿＿。"

师：爸爸听了孩子们的话，又会对孩子们说些什么呢？

出示句式：爸爸笑了笑说："＿＿＿＿＿＿＿＿＿＿＿。"

师：说得好。不仅这两个孩子要好好学习，我们都要好好学习，长大后为西部大开发做贡献。

适度而精准的拓展训练，学生的思维才会层层递进，进入意境，承担有实际意义的交际任务，实现了语文工具性与人文性的有机统一。

综上所述，《白杨》这节课上得很成功、有亮点。教师引导、学生自主学习，整节课课堂氛围和谐、轻松、自然。不过我们又不免有一点遗憾：课堂元素当中，出现了语言，出现了文字，出现了画面，唯独少了音乐。音乐在语文课堂中的渲染能力是不可低估的。而针对《白杨》这篇课文，恰恰有一首经典的老歌《小白杨》，演唱者铿锵有力的声音和对边疆建设者的真诚歌颂，完全可以在课堂伊始播放，以歌曲揭题，激发学生浓厚的学习兴趣，并且能不着痕迹地对学生进行感情上的铺垫和引导；在课堂结束时，我们也可以歌曲结课——师生共唱《小白杨》。此时的歌，既是唱歌的歌，更是歌颂的歌——歌颂具有白杨精神的人们，升华本课的主题。

在以后的日常教学中，我们会更全面、更系统地贯彻实施新课标的要求，不断研讨在教学中出现的种种问题，并逐步完善，从而达到提高课堂教学实效这一目的，希望以后我们多组织开展这种结合课例的有时效性的学科探讨，大家一起共同进步！

根的工程　花的事业

——论儿童阅读的重要性

一、不可或缺的精神底子——学生读书的意义

母语是一个民族的文化载体。母语是一个民族的精神之花。母语教育是一个民族文化传承和发展的根的工程和花的事业：母语学习，可以将儿童的个体生命引入民族的和人类的精神之源，同时催发新时代民族的美丽花朵——精神之花、语言之花、文化之花。因此，母语教育课程永远是各个国家基础教育的核心课程。

《义务教育语文课程标准（2019年版）》比较重视儿童阅读，要求在整个小学阶段，课外阅读总量应该不少于145万字；提出要"培养学生广泛的阅读兴趣，扩大阅读面，增加阅读面，提倡少做题、多读书、好读书、读好书、读整本的书，鼓励学生自主选择阅读材料"。不过，在目前的语文课程改革中，教师在课程资源的利用上还是太局限。例如，教语文就是教语文教材，一个学期只磨一本教材，还抱怨教不完；知道课外阅读很重要，可是推荐学生读哪些书？如何指导学生阅读？虽然也了解课程标准关于课外阅读量的规定，但一般都是将其当成软任务来处理，很少有教师认真落实。可以说，语文教学"少、慢、差、费"的情况还是没有得到根本改变。

曹文轩是北京大学中文系教授、现当代文学博士生导师。他是一位深受少年儿童喜爱的江苏籍作家。走访过100多所中小学的曹文轩教授，曾经对台州的小读者们说过三句话，"财富不在远方，就在自己脚下""好文章离不开

折腾""一本好书就是一轮太阳"。简单的几句话里，深藏着这位走下塔尖的儿童文学领军者的心里话。"中国高级知识分子很多都生活在非常狭小的空间里。有些人高谈阔论、愤世嫉俗，甚至忧国忧民，但始终在宝塔的尖上，他们的声音是朝向天空的，每一个人都是另一个人的回音壁，来回震荡。这些声音对于他们来说，并没有什么太重要的意义，但对于宝塔下面的社会而言，却是十分珍贵的。"曹文轩说自己想从那个高处走下来，到下面来走一走，甚至是贫穷的农村。"将一些的教育理念、文学理念、语文理念、作文理念以及阅读理念，直接传到中小学的校长、老师以及学生们那里。"

读什么书比读不读书更重要。曹文轩十分重视阅读，在他看来，阅读习惯十分重要。小孩的阅读姿态是需要培养的，并非天生，而姿态有高低之分，必须培养小孩较高的阅读姿态。"这一两年来我走过了100多所中小学，有机会了解这些学校的阅读生态，发觉目前是个阅读生态严重失衡的时代。阅读生态混乱，最严重的不是读不读书的问题，而是读什么书？现在的小孩不是没书读，相反地，因为出版业蓬勃，五颜六色的书很多，有很多书是可读可不读的，值得读的书不多。"曹文轩说，很多时候看到孩子们手头拿着的，无非就是搞笑的、热闹的、说话痞里痞气的书。许多作品，甚至连一段像样的风景描写都没有。曹文轩认为，风景描写很重要，尤其是写给孩子看的书，更是一个不可或缺的元素。"风景描写也是让读者感受文字魅力的最佳之处。一段好的风景描写牵涉到一个作者的文字能力和审美境界。鲁迅、沈从文、萧红，外国的如契诃夫、川端康成、黑塞、海明威，都是一流的风景描写大师。记得小时候读书时抄了很多风景描写的段子，这对于我后来的写作来说，真是获益匪浅。孩子们可以在你作品中看到一棵树，一股从田野上吹来的微风，既让自然教养着他们，又在不知不觉之中，培养了他们的文字能力和语感。"曹文轩认为，目前的阅读生态还不如他的少年时代，过去出版业虽然不那么蓬勃，但是他读了许多好书。

因此，笔者认为建立"书香班级"，形成一个书香小社会是一件意义非凡的事。在实施班级读书计划时，我指导学生们背诵了《弟子规》《三字经》《千字文》；还定期开展了班级读书会，依照孩子们的年龄、兴趣和喜好选择教材，如张天翼的《宝葫芦的秘密》，曹文轩的系列丛书《草房子》《青铜葵花》等优秀的儿童图书就是孩子们开展课外阅读的最好教材……

"秋风乍起，十四岁的男孩桑桑，登上了油麻地小学那一片草房子中间最高一幢的房顶。他坐在屋脊上，油麻地小学第一次一下子就全部扑到他的眼底。秋天的白云，温柔如絮，悠悠远去；梧桐的枯叶，正在秋风里忽闪忽现地飘落。这个男孩桑桑，忽然觉得自己想哭，于是就小声地呜咽起来……明天一大早，一只大木船，在油麻地还未醒来时，就将载着他和他的家，远远地离开这里——他将永远地告别与他朝夕相处的这片金色的草房子……"

以上的描写片段选自曹文轩的《草房子》，这是一部被称为中国儿童文学当代经典、讲究品位的少年长篇小说。出版后多次获奖，并入选"百年百部中国儿童文学经典书系"。作品写了男孩桑桑刻骨铭心、终生难忘的六年小学生活。六年中，他目睹或直接参与了一连串看似寻常但又催人泪下、撼动人心的故事：少男少女之间毫无瑕疵的纯情，不幸少年与厄运相拼时的悲怆与优雅，残疾男孩对尊严的执着坚守，垂暮老人在最后一瞬所闪耀的人格光彩，在死亡体验中对生命的深切而优美的领悟，大人们之间扑朔迷离且又充满诗情画意的情感纠葛……曹文轩的成长小说，以审美力量、情感力量、道义力量和语言力量打动和感染读者，使读者的灵魂受到震撼，这是儿童小说不易达到的高度。他的作品一方面具有现实性，扎根现实，同时又拓展了广阔的想象空间，富于理想主义和浪漫主义，符合今天少年儿童的精神生命。

《草房子》的背景是20世纪60年代初，那是三年自然灾害时期，民生凋敝，生存艰难，人的精神状态比较粗糙，但我们在这部作品中很难看到这一面，而更多地看到的是江南水乡的一种舒缓、温柔、优美的格调与人性向善向美的精神延伸和拓展。从以下这些片段可以看到这里面有曹文轩的理想主义、浪漫主义在起着作用："雨季已经结束，多日不见的阳光，正像清澈的流水一样，哗啦啦漫泻于天空。一直低垂而阴沉的天空，忽然飘飘然扶摇直上，变得高远而明亮。草是湿湿的，花是湿湿的，风车是湿湿的，房屋是湿湿的，牛是湿湿的，鸟是湿湿的……世界万物都还是潮湿的。一路的草，叶叶挂着水珠。葵花的裤管很快就被打湿了。路很泥泞，她的鞋几次被粘住后，索性脱下，一手抓了一只，光着脚丫子，走在凉丝丝的烂泥里……"

作为语文教师，我之所以推荐这些书给孩子们读，是希望学生能利用人生记忆的黄金时期，把母语文化中最经典、最精华的作品牢牢刻在心灵深处，相

信，随着岁月的流逝和孩子的日益长大，阅读作品所带来的思想感悟，会释放出源源不断的清流，滋养他们的心灵，升华他们的人生格局。

二、班级读书会，静听成长的拔节声

自媒体时代，现在的孩子接受信息的方式和途径不断改变着新生一代的阅读方式，作为教师，如何引导孩子潜下心来阅读？如何在人生黄金时期，引导孩子们得到经典文学的真正充实和滋养呢？记得有人说，读《论语》《孟子》可以帮助孩子们重塑民族精神，庄子如是说，"判天地之美，析万物之理"，一个从事教育的人就应当拥有这般审视天地之大美的博大胸怀，就让我们用中国最传统、最朴素的教法把孩子们阅读课外书的热情充分激发和调动起来。现代化并不拒绝课外阅读，现代化同样需要课外阅读，关键是我们应当怎样创造性地指导孩子们进行有效的阅读。

涌动的热情中，我一直在考虑该在自己的班级里做些什么。一次无意中，在《小学语文教师》杂志里看到儿童文学博士王林提出的"班级读书会"概念，这个新鲜的说法引起了我的注意，冥冥之中，我感觉眼前铺开了一条路——这是一条引领孩子们进行广泛阅读之路。我认真阅读了周益民老师和岳乃红老师写的《上读书课啦》和《班级读书会ABC》这两本书，根据自己班级的实际情况开展读书活动。

一年来，在班级读书会的实践过程中，班级读书会的内涵越来越清晰：班级读书会是以班级为单位，在教师的组织和指导下，在语文课堂上开展的阅读活动活动。它是由老师指定（或师生共同确定）一本书（或相关主题的书），共同阅读，然后在班上进行讨论和延伸活动。我在指导孩子们进行课外阅读时主要采取了以下几个方式：选书—阅读—讨论—延伸活动。

1. 阅读首先就要解决书源问题

我做的第一步就是争取家长的认同与支持，积极引导，利用家长会，把家长会变成读书会。我给他们讲述图画书《爱心树》，很多家长都被感动了，家长愿意给孩子买书了，家长爱上阅读，并亲身感受到读书会的好处，大力倡导的亲子阅读活动在家长的支持、鼓励与督促合力下初见成效了。学生们在阅读课里静静地捧着书，一副手不释卷的样子，甚至有点如饥似渴，抱怨一节阅读课的时间太短了。望着他们沉醉的笑靥，看着他们执着的眼神，我明明白白地知道，这是深藏于我心底最美的一道风景。这道风景也让我在心里为自己暗暗喝彩："真是太棒了！"

2. 第二阶段——主题阅读

阅读前，要硬性提出完成阅读的时间，指导一些切实可行的阅读方法，同时还设计了一些阅读记录表让学生填写，一般我会布置他们带着问题阅读，这也是培养学生的提问能力。讨论则是班级读书会的核心部分。学生通过对书的讨论，不但理清困惑、深化理解，还能分享快乐、分享经验，培养团体探索的习惯。

3. 第三阶段——讨论

有的老师说班级读书会应找到一种"聊书"的感觉，教师要以读者的心态、读者的身份参与交流。对这一点，我感触颇深。我尝试着通过大声朗读的形式向孩子们推介一本新书，效果真的很好！著名作家梅子涵曾说过这样的话："我们这些人，是有些像李利的，也是点灯的人，把一本有趣也耐人寻思的书，带到孩子们的面前，让他们兴致勃勃地阅读，朦朦胧胧间，竟然使他们一生的日子都有了方向。"他说得真好！我在指导学生看《青铜葵花》时，紧紧抓住作家的创作理念与追求，在师生共读整体把握小说印象后，就以美为话题，和学生们一起讨论：你觉得这本书中的美表现在哪里？在小组讨论后，组织交流：

美的情节（情节美）——美的事物总有一个美丽的故事。选一个美的事物，说一说它感人的故事。

美的人物（人物美）——感受美的人物，走进人物的内心世界。美丽的事物，总是和美好的人物形象联系在一起，说说看到了什么，想到了谁。

4. 活动延伸部分成了点睛之笔，成了班级读书会的新时空

为了强化学生对文本的阅读，我从网上下载了根据原著改版的电影《草房子》，利用教室里先进的电子交互式白板放给学生们看。因为有了前期的阅读指导，再加上一个多月已有的个性化阅读体验，孩子们对故事情节如数家珍，每每一个新人物出现，大家都会异口同声地喊起来："秃鹤！桑桑！杜康！纸月！"电影看完后还意犹未尽，观点的碰撞，心得的交流使孩子们获得了崭新的认识，把阅读活动推向了更广阔的时空。

由此看来，班级读书会是对儿童阅读权利的最大限度的尊重，对于形成儿童的自主学习意识、独立思考精神都有着很大的帮助。尤其是家庭的亲子阅读部分，家长的感受就更深了。陈立的妈妈是惠州大学的老师，她和儿子一起阅读了《草房子》，看后，她给我发来了短信："许老师，谢谢你推荐了这么优秀的书籍给孩子们阅读，这是真正为孩子而写的儿童作品，在当今物欲横流的社会，这些书籍将帮助孩子们抵御各种不良诱惑的侵蚀……"杨子妈妈和曾颢妈妈看完作品后互相讨论故事情节，杨子妈妈问："小孙，你知道你家曾颢像《草房子》里的哪个孩子？——像桑桑！特淘气，特聪明，还富有正义感！是个好孩子！"平时，曾颢妈妈总认为自己的孩子一无是处，经常会盯着孩子的短处数落个没完，听了这么一说，她感动地说："真没想到儿子还有这么多优点，大家都看到了，只有我还没发现，真惭愧！"作品对人的感染力就像作者曹文轩所说的那样："美的力量绝不亚于思想的力量。一个再深刻思想都可能变为常识，只有一个东西是永不衰老的，那就是美！"

对于读书我们心里依然心存美丽的期待。教室里，孩子们在阅读着《宝葫芦的秘密》《父与子》《那一年，叶子没有落下来》《窗边的小豆豆》……在一页页文字的遨游中，在安静的氛围里，孩子们认识了安徒生、张天翼、余秋雨、张乐平、曹文轩……在安徒生、格林创造的童话世界里认识坏心的巫婆、狡猾的狐狸、可怜的灰姑娘、白雪公主和七个小矮人……学生们在脑海里形成了对童话书里人性的善恶、是非的判断……就这样，我们在一本本书的世界里流连忘返，在书的世界中静听自己成长的拔节声。

三、让阅读成为根的工程、花的事业

"半亩方塘一鉴开，天光云影共徘徊。问渠哪得清如许，为有源头活水来。"我们在倡导班级读书会的同时，也积极倡导亲子共读、家长读书、社区阅读活动，希冀让阅读成为一种生活方式，借由阅读，教师成为一个文化的传播者，通过亲子阅读，父母和孩子不仅仅获得了知识和快乐，而且融通了亲子的感情，家不仅仅成为一个物质的存在，而且真正成为精神的栖息地。借由经典阅读，儿童对民族文化产生深刻的认同。阅读给了孩子一个温暖的家，一个文化的根，一个快乐的童年。我认为，带着孩子们一起读书，是一个语文教师最幸福的事。

森林从哪里来？一棵棵树。

大树从哪里来？一粒粒种子。

种子从哪里来？一个个果实。

果实从哪里来？一朵朵花。

幸福永远来自根部，最美丽的永远是花。人类是根，母语是花；家是根，童心是花；童心是根，未来是花。无数个书声琅琅的家庭，会给我们整个社会带来多少福祉呢？最后，就以一段台词作结吧：

琅琅书声，朗朗乾坤，让阅读温暖儿童的心灵，也温暖我们自己。读吧，让我们一起为儿童——这根的工程、花的事业而努力！

附：

为了迎合《义务教育语文课程标准（2011年版）》中对儿童阅读的需要，班级组织了《父与子》儿童阅读活动，学生们积极参加活动（见下图）。

学生认真阅读《父与子》并进行交流、分享

坐标图维度　作文新概念

一、作文概念的新思考

为什么说作文是一种表达？表达的是人的需要？概括地说，作文是用书面语言表达自己的欲望，表达自我欲求，表达自我发现，表达自我情感，表达自我思想。在这样的表达中，写作的人将自己的生命转化在文字中。所以说，文如其人。于是，我们从《红楼梦》中发现、认识了曹雪芹，从苏轼的诗文中发现、认识了苏轼，从《围城》中发现、认识了钱锺书……

为什么说作文主要是表达生命的发现与思考呢？有人说，一个人自出生到最后悟得人生的真谛走向生命尽头，其实就是一个发现与思考的历程。所以古人常说"生年不满百，常怀千岁忧"，西方哲人说"我思故我在""人是一根会思考的苇草"。古代圣贤孔子特别重视这样的发现，所以会发出"四十而不惑，五十知天命"这样的人生感悟。西方人常追问的哲学问题是：我是谁？我从哪里来？我到哪里去？所以说，作文主要表达的是对人生的发现与思考，古今中外都一样。

二、作文教学的新样态

关于作文教学，《义务教育语文课程标准（2011年版）》具体的表述是怎样的呢？第二学段的第二条是："观察周围世界，能不拘形式地写下自己的见闻、感受和想象，注意把自己觉得新奇有趣或印象最深、最受感动的内容写清楚。"第三学段的第二条是："养成留心观察周围事物的习惯，有意识地丰富自己的见闻，珍视个人的独特感受，积累习作素材。"第三条是："能写简单的记实作文和想象作文，内容具体，感情真实。能根据内容表达的需要，分段表述。学写读书笔记，学写常见应用文。"仔细阅读和思考这些表述，可以看出课程标准倡导的习作教学的特点。

浙江省小语会会长柯孔标先生曾研制出了一个"小学生作文坐标图"。坐标横轴关乎写作风格，纵轴关乎写作内容。坐标纵横交叉的核心，是传统的记叙文写作。按照坐标纵横交错划分的领域，可以将儿童写作划分为四个维度：第一个维度，是微型报告文学与科幻作品；第二个维度，是新闻、实验报告和科普小品等；第三个维度，则是应用文——启事、会议记录、日记等；第四个维度，是诗歌、散文、小说、童话等。按照日本写作学界的说法，第二、第三两个维度，是指向"传递社会信息的写作"；第四个维度，是指向"表现自己的写作"；而第一个维度，则两者兼而有之。

行笔至此，我们可以对小学阶段六年的写作做一个纵向的梳理。写作教学要从儿童发展的阶段性需求入手，将指向自我表达的文学性写作和指向传递社会信息的非文学性写作融合在一起，建构起一个从低到高、螺旋上升的儿童创意写作阶梯课程。这是针对当下儿童写作失重、失真现象，让儿童创造性地表达自我的一种写作样态，是小学作文教学的一种新的尝试。

三、作文教学的新尝试

1.依托文本，拓展教材

现代语文教学论认为，语文阅读教学过程的实质是教师、学生、文本三者之间通过多种形式的对话渠道，在把握、内化文本原初内在的思想、情感的基础上，共同建构起对文本意义的追求与超越的过程。而新课程标准下的语文教学和原来传统的语文教学相比，一个最明显的不同是新课标的语文教学基于社会生活，基于学生的生活实践。从这个意义上来说，文本是语文阅读教学的依托，也是写作教学的契机，但语文教学既然要回归教育的原点，不仅要依托文本，还要走出文本，高于文本，从教材走向学生，调动和运用学生的生活经验和心理感受，构建新的语文知识和写作素材。

例如在教学人教版五年级上册《窃读记》一课时，我在课堂教学时注重引导学生联系实际，先要学生写写自己有关课外阅读的一些趣事和收获，再对比作者林海音写的《窃读记》，找出自己和林海音童年读书的异同点。教师适时地穿插进林海音的作品《城南旧事》，牵出了文章写作线索——窃读，窃读的滋味是"一页，两页，我像一匹饿狼，贪婪地读着。我很快乐，也很惧怕——这种窃读的滋味！"披情入文，学生的心理感受被调动起来了，这时再来理解文章的中心句"我总会想起国文老师鼓励我们的话：'记住，你们是吃饭长大的，也是读书长大的！'"就水到渠成了。课后，孩子们争相阅读林海音的《城南旧事》，有的孩子还和父母一起观看了电影《城南旧事》，从而认识了电影里的女主角英子。

笔者认为这堂课的教学从儿童发展的阶段性需求入手，将写作目标指向自我表达的文学性写作，体现的是"小学生作文坐标图"的第四个维度。

2.依托文本，仿创结合

当下的小学语文课堂阅读教学，教师喜欢一味强调学生的主体阅读而完全忽视了文本作为教材的确定而多元的意义，只是盲目探究教材文本意义的生成，致使阅读教学偏离了语文的轨道，缺失了"语文状态"，学生也缺乏对文本真正的感同身受，失重、失真现象严重，学生进入不了文本所描绘的真挚丰富的情感世界。因此，依托文本，基于大量的课外阅读，才能让语文阅读教学回归原点，并且顺利开拓仿创结合的写作教学。

仿创写作的做法有很多种，如聚焦写作技巧，读一段仿一段，读一篇仿一篇；也可以用心开发，创设写作情境，引导学生整合利用所读书籍中的信息，进行写作穿越，让自己不知不觉成为书中的人物，与主人公同呼吸共命运。仿是途径，创是目的，这种教学模式尤其适合中年级学生。

又如在教学《小苗与大树的对话》一课时，我在引导学生通读完全课后，要求学生运用本课一个孩子同一位大人对话的形式练写作文。因为有课本的依托，所以学生有了感性的认知，而且在写作格式上也有了规范的借鉴，所以话匣子打开了，写作灵感如涌泉而出，写出了一篇篇让人爱不释手的好文章。

妈妈小时候，我不知道的世界

苗苗：妈妈，您小时候会不会挑食？如果有，您怎么办？

妈妈：我小时候的物质生活没有现在这么好，根本没有零食吃。但那时候的课外活动可多了，每天还要帮姥姥做好多家务，经常肚子饿得咕咕叫，捧起饭碗大口大口吃饭，哪会挑食啊！

苗苗：妈妈，您小时候都会做哪些家务啊？

妈妈：那时的我可能干了，会扫地、做饭，会打煤球，逢年过节，姥姥、姥爷还要加班，我还会把被子搬到院子里来晒晒太阳杀杀菌……那时家里穷，我还会带着小姨一起，糊纸盒拿到镇上杂货店卖几个钱，然后再换回一两斤酱油回来。那时候的孩子都很节俭，不会乱花钱，因为知道父母上班养家很辛苦。

苗苗：妈妈，和您比起来，我的童年多么幸福啊！

……

妈妈小时候也是追星族

我和妈妈每天都生活在一起，但是老觉得我们两代人之间有些不同，听妈妈讲起她的经历和故事，感到那么的遥远、陌生，还有些不可思议。

婷婷：妈妈，您小时候上学路远吗？怎么去上学？

妈妈：我们小时候，都是在离家较近的学校上学，同学之间也住得很近，上学放学喜欢挨家挨户叫唤，然后结伴而行，从不需要家长接送。

婷婷：妈妈，您平时喜欢看什么课外书？

妈妈：我们小时候主要看一些反映英雄人物的故事。例如《钢铁是怎样炼成的》《草原英雄小姐妹》《红岩》《青年近卫军》《青春之歌》等。

婷婷：您那时候最喜欢什么活动？

妈妈：看电影。那时的学生票5分钱一张，很多电影都看过好几遍，有的甚至能够倒背如流。

婷婷：妈妈，那您是追星族吗？

妈妈：那时不叫追星族，但是我们也有自己非常喜欢的演员，如秦怡、龚雪、张瑜……还会买这些演员的照片、挂历当宝贝收藏着呢。

……

笔者认为，这些素材的收集和练笔，体现的是"小学生作文坐标图"的第二、第三两个维度，是指向传递社会信息的写作。

3.依托文本，创意写作

在熟悉课文框架，学生对一些写作技巧有了初步感知的基础上，联系生活实际，指导学生细致观察。就像叶黎明教授说的那样，儿童的想象无理而妙。好玩有趣，就是最佳的写作情境，往往可以写出无限的观察创意。

人教版四年级上册第二单元的习作要求是这样的：

仔细回忆，你观察了什么事物，是怎么观察的，有什么新的发现。把你最想告诉别人的内容写下来。题目自己定。还可以写观察日记。

这里写作要求笼统，只有一个大概的范畴。至于观察什么，怎么观察，观察日记与其他作文有什么不同，没有具体的指导。为了拓宽孩子们的写作思路，教师组织了以下实验活动，附课堂实录如下：

实验1：土豆皮有什么功能？

课前准备：几十个土豆，还有天平、量杯、水果刀、水果盆、科学实验室用的小烘箱等器具。

实验要求：形式不拘，方法不限，请用科学的方法说明土豆的功能，并写出自己的观察结论。同时要求全班同学分成若干小组，合作完成。

活动流程：面对几十个土豆和一堆器具，孩子们会如何下手？怎么观察呢？有个小组开始行动了。

第一步，他们先讨论了一番。

第二步，组长拿了一大一小两个土豆放到天平上称重，组员记下称重时间、次数及重量。

第三步，男组员拿水果刀给大土豆削皮，再放到天平上称重，没皮的土豆和有皮的土豆的重量基本相同，组员第二次记下称重时间、次数及重量。

第四步，把没皮的土豆和有皮的土豆放到有水的盆里浸泡几分钟再拿起来称重，它们的重量变化不大，组员第三次记下称重时间、次数及重量。

第五步，把没皮的土豆和有皮的土豆放到小烘箱里，大家围着仔细观察，发现没皮的土豆的表面开始变黑，黏黏糊糊的，而有皮的土豆完好无缺。再放到天平上称重，没皮的土豆和有皮的土豆的重量有了变化，没皮的土豆变"瘦"了，组员第四次记下称重时间、次数及重量，并得出了第一个结论，没皮的土豆水分容易丢失。

第六步，小组讨论，得出第二个结论，土豆皮能够保持水分。

第二天，这个小组的学生合作完成的观察日记步骤清晰、方法得当，而且结论可信，是一篇非常难得的应用文。

本次的观察写作体现了"小学生作文坐标图"的第二个维度——实验报告和科普知识。

实验2：鸡蛋在醋里泡一周会长大吗？

1. 观察要求

（1）仔细观察泡在醋里的鸡蛋会有哪些变化？是什么原因使鸡蛋发生变化？

（2）可以用放大镜、尺子等工具进行调查、研究，然后把观察所得写成文章。

2. 做记录

做观察记录时要注意以下的事项：

（1）观察的日期、星期、天气、气温。

（2）鸡蛋的身体特征（形状、颜色、大小、构造等），醋的颜色、味道等。

（3）周围的同学有什么发现？他们观察到的和你一样吗？你认为有趣的事、奇怪的事。

3. 查阅资料

如有疑问，自己查一下有关的辞典、百科全书之类的书。

4. 写作提示

（1）根据记录，写小结文章，注意不要遗漏了重要的内容。

（2）把图、表等放到文章里面去，要写得别人容易懂。

（3）把书中读到的和自己观察到的、自己想到的做比较。

（4）每项内容前，加上小标题。

本单元的习作指导对"观察要求"明确了观察范围，告诉孩子们用什么工具去观察，做观察日记注意哪些事项。这就是指导学生观察写作的细致指导。

关注"观察的日期、星期、天气、气温"，这是科学精神的渗透；

关注"鸡蛋的身体特征（形状、颜色、大小、构造等）及醋的味道、变化"，是对所写事物静态的观察；

关注"观察周围同学的反应，再和自己看到的做比较"，这是动态的观察；

留意"你认为有趣的事、奇怪的事"，是培养细致观察的习惯。

观察方法渗透在提示中，这是在以文本为依托，教给孩子写作的基本方法，孩子们有法可依，可以根据线索照着写，而写出来的作文呈现出多样性，避免了人云亦云的文体。

本单元的习作教学，笔者利用周末时间还布置了完成"观察一种小昆虫"和"观察50元和100元人民币"等习作训练，因为有了课堂上两次实验活动的铺垫与指导，孩子们有章可循，自行完成的观察日记写得生动有趣，质量非常高。由此可以总结，与我们教学中常用的识字、阅读等基础技能训练等方式相比，作文训练更注重生活感知和情感体验，这是一种更真实、更有效的学习方式。因为生活化的教学过程，即"活动—体验—感悟"的心路历程与学生写作能力提升的过程"感知—体验—积累—明理—技能"的内化规律完全吻合。而且，由于有真实的情感体验和情感认同作动力，学生的写作过程强烈而深刻，情感生成要素同步而协调，写作技巧形成过程形成一种自主、自觉、自动、自悟、自省的自我建构机制，进而达到"我手写我心"境界，因而形成学生个人习作的独特风格。这就是人们常说的："听过的忘记了，看过的记不住，做过的就理解了。"

4. 依托文本，资源整合

课堂上的作文教学，重在方法上的指导。在理解文本的基础上，再加上教师方法指导，学生用文字表达自己对生活、对问题的独特发现。这种个人的思考，来源于学生自己的真情实感，正是写作的核心要素，也是写作的不竭源泉。

每个学段教材有关写作的目标，可以看作是一个纵向的体系，要求我们的写作教学要从儿童发展的阶段性需求入手，建构起一个从低到高、循序渐进、螺旋上升的创意写作课程。这种写作要求，仅仅靠语文课的教学，那是远远不够的，还需要大量的阅读，把读和写整合起来，如在指导学生学习人教版四年级下册第三单元课文《自然之道》《蝙蝠和雷达》《大自然的启示》系列课文后，笔者指导学生写《我发现了大自然的秘密》这一题材时，引导学生读维·比安基的《森林报》、法布尔的《昆虫记》、普里什文的《大自然的日历》《林中水滴》，从阅读层面拓展学生的写作素材；同时还把语文学科和其他学科整合起来，协同教学，让课堂变得灵动起来。例如，教学五年级上册第五单元的综合性学习：遨游汉字王国，我们把教书法的郭明静老师请到课堂，为学生演示软笔书法，讲讲汉字演变史，告诉了学生如何才能写得一手漂亮的中国字；同时还和美术老师一起备课，完成一张手抄报，在美术老师的指导下，学生有的设计对联，有的设计谜语灯笼，有的画风筝，并配上"儿童散学归来早，忙趁东风放纸鸢"的诗句。又如，学习《桂花雨》一课，南方的学生对这一植物并不熟悉，我们把科学老师请进课堂，老师专门制作了课件，给大家介绍这种植物，并组织学生们到校园里实地观察，由于有了感性的认识和精细的观察指导，学生不仅更深入地学习了课文，同时还有小练笔，写了一篇有关南方的桂花树的习作。这次完成的习作条理清晰，表达清楚，能从不同的角度把自己认识的桂花树的特征写清楚，而"表达有条理、有重点"恰恰是高年级习作教学的核心目标。再如，就人物观察来说，有肖像观察、衣着观察、神态动作观察；平时还可以进行花鸟虫鱼观察、风雨雷电观察、建筑环境观察等。教学中，善于借力，注重整合学科和生活资源，引导学生观察生活、描写生活，不仅可以避免语文教学的单一、枯燥，而且还提升了学生的观察力和文字表达力。

系统的写话训练可以实现教材的梯度衔接，如四年级下册第三单元和五年级上册第三单元的写作就可以实现"小学生作文坐标图"中第三个维度，应用文写作——启事、会议记录、日记等。

当下，儿童写作失真、失重现象泛滥，为考试而写作直接抹杀的是学生写作的热情。所以，依托文本，贴近生活素材，超越文本，让儿童创造性地表达自我是一种值得提倡的新作文样态，笔者认为这是一种构建在写作原点上的教学理念，因为所有的写作活动都遵循了认知规律，它体现的是生命的个体存在和独特表现；因为在教师有效地引导组织下，儿童不仅发现美、感受美、理解美，还能用手中的笔流畅地表现美、创造美！

参考文献

［1］中华人民共和国教育部.义务教育语文课程标准（2011年版）［S］.北京：人民教育出版社，2011.

［2］黄雨燕.支教的日子［J］.小学语文教师，2016（12）.

［3］中小学教师专业发展标准及指导课题组.中小学教师专业发展标准及指导［S］.北京：北京师范大学，2012.

生命是一片蓝蓝的天

【教学目标】

1. 教师讲述一（4）班赖宇键同学患病情况。

2. 学生互相交流，说说自己想为赖宇键同学做些什么？

3. 用诗歌形式把自己内心真实的感受表达出来。

【教学过程】

（一）习作前指导

1. 再现具有象征意义的景物：太阳、蓝天、地球、班级合照。

2. 学生回答看到这些景物，你联想到什么？

（1）太阳很温暖，它每天无私地为万物奉献出光和热。

（2）蓝天非常高远、辽阔，它可以任鸟儿快乐地飞翔。

（3）地球是人类共同的家园，班级是我们共同的家，同学们要团结友爱。

（4）把《生命是一片蓝蓝的天》这首诗剪贴成三个画面，配合诗句画图，完成立体的"屏风小诗"。

（二）当堂习作

理解诗歌内容，依照诗的意思，把诗分成三小段。

生命是一片蓝蓝的天

廖　想

爸爸说太阳像是一张脸，

很红很红的一张脸，

太阳每天从东边走到西边，
我们才能分清黑夜和白天。

　爸爸说地球像是一个圆，
　很大很大的一个圆，
地球每天绕着太阳转圈圈，
我们才会长大一年又一年。

　爸爸说生命像是一片天，
　很蓝很蓝的一片天，
世界每天都在改变一点点，
我们要珍惜在一起的美好时光。

生命是一片蓝蓝的天

陈思宇

　爸爸说太阳像是一张脸，
　很红很红的一张脸，
太阳每天从东边走到西边，
我们才能分清黑夜和白天。

　爸爸说地球像是一个圆，
　很大很大的一个圆，
地球每天绕着太阳转圈圈，
我们才会相伴一年又一年。

　爸爸说生命像是一片天，
　很蓝很蓝的一片天，

世界每天都在温暖一点点，
我们要一起帮助宇键同学快快好起来!

【堂上评价】

1.师生欣赏并朗读优美的诗歌作品。

2.习作互评:

（1）找出用得最美的词语。

（2）说出最欣赏诗中的哪一句话及欣赏的理由。

（3）说说自己是怎么根据要求构思写这首诗的。

【课后仿写】

完成一首跟"动物、色彩、人、水果、爱"主题有关的诗歌。大胆想象，发挥创意，还可以加插图，插图要配合诗的内容，有时间的话还可以着色。

【教学反思】

一直在思考如何开展儿童诗教学活动，个人觉得儿童诗应该根据文体特点进行教学，不适合进行分析性阅读，而应该多以朗读为主，让学生在朗读中感受和体会。儿童诗一般比较短小，教师可以选择一组相关的儿童诗来进行比较阅读。根据《通向儿童文学之路》中提供的思路，大致有以下这些阅读教学活动。

1. 吟诵和朗读

吟诵和朗读在所有的儿童诗教学活动中都应该重点使用和安排，频率和方式可以根据儿童诗的特点、篇幅做灵活处理。选择以吟唱与诵读为主体的诗歌朗读教学，应该注意作品的朗读效果，组合多种朗读方式并配合聆听活动，同时还要注意渗透诗歌的其他教学内容，朗读语气要自然。

2. 诗配画欣赏

许多诗歌作品都富有诗情画意，诗配画是传统的诗歌教学活动，教师可以自己挑选最能配合诗歌境界的名家经典画作，协助对诗歌画境进行解说，也可向学生征求最能反映诗歌意境的美术作品。如果是学生自己配画，要求不宜太高。

3. 阅读链接

在学生有一定诗歌阅读积累后，在诗歌教学中应该唤起学生的经验，引导他们进行开放式的联想与链接，链接的方式可以多样化，如，中外同题诗歌、同一作家的多篇诗作、古诗和现代白话诗等，还可以在诗文比较中加深对诗歌艺术的理解和体会。

4. 阅读拓展

提供相关的新的阅读资源。当作品内容单薄或抽象时，可以引进新的阅读资源进行支持和补充，以实现延伸性学习，但应该注意新阅读资源的适量和适度，分清主次。也可在课堂教学结束时，将新阅读资源作为课外内容布置，发挥巩固学习成果的功效。

5. 阅读和写作

即使是低年级学生，也可以鼓励学生仿写或摹写，只要是有感而发就一定有可读性。课后的写作和课堂中的即兴创作，都是积极的诗歌反应和有意义的诗歌学习。尝试性的诗歌创作最好有学生的普遍参与，无论写作质量如何，都应该给予正面的评价。

创世英雄

——《盘古开天地》教学解读

【教学过程】

1. 课前游戏热身

我们来做做相反动作的游戏好吗？看看谁反应最快。"举左手，举右手，起立，坐下"……

2. 引入神话故事

师：我们再接着做的游戏叫"看图猜故事"。（课件出示）

生：后羿射日、夸父追日……

师：这些都是什么故事？

生：都是神话故事。

3. 学习《盘古开天地》故事

师：请同学们自由朗读课文，要求读准字音，读通句子。

师：课文主要讲了谁？讲了一些什么事情？

生：很久很久以前，天和地还没有分开，宇宙混沌一片，像个大鸡蛋。有个叫盘古的巨人，在混沌之中睡了18000年。

生：周围黑乎乎一片，什么也看不见。盘古想办法要把天和地分开。

师：课题中哪个字提了这件事？课题中的开字是什么意思？

生：开字很重要，是指盘古在想办法把天和地分开。

师：课文哪些句段详细写了盘古怎样开天地的呢？请同学们默读课文第2、3自然段，把写开天地的句子用波浪线画出来。

生：第2自然段第2句。

师：抢斧猛劈的动作是怎样的？哪位同学可以边读边做动作，把抢斧和猛劈的动作表现出来？再指名同学读读句子，并说说自己是带着怎样的感觉来读句子（用力）。

师：老师赐你们力量再试试看，请全班同学再有力地读一遍句子。

师：盘古抢斧猛劈在想什么？

生：盘古在想，我一定要把天和地分开！

师：盘古决心真大啊！同学们再用力读出这种感觉。

师：有一天，只听一声巨响，盘古眼前出现了什么奇妙的景象？

生：（学生读句子）有一天，盘古醒来了，睁眼一看，周围黑乎乎一片，什么也看不见。他一使劲翻身坐了起来，只听"咔嚓"一声，"大鸡蛋"裂开了一条缝，一丝微光透了进来。

师：盘古怎么做？

生：盘古见身边有一把斧头，就拿起斧头，对着眼前的黑暗劈过去，只听见一声巨响，"大鸡蛋"碎了。轻而清的东西，缓缓上升，变成了天；重而浊的东西，慢慢下降，变成了地。

师：同学们仔细瞧瞧这句子，你发现了什么？

生：这些句子分了两行，第1句和第2句说的意思是相反的。

生：我发现了这组句子里有4对反义词。

师：男女同学各读半句，注意把这4对反义词用重音读出来。

师：盘古就是这样把天和地分开了，盘古怕他们还会合在一起，于是……（学生读："盘古怕它们还会合在一起，就头顶天，脚踏地，站在天地当中，随着它们的变化而变化。"）

一年过去了……（学生重复读句子）

一百年过去了……（学生重复读句子）

不知道多少年过去了……（学生重复读句子）

师：这么多年过去了，盘古还是头顶天，脚踏地，站在天地当中，这是为什么呢？（学生自由说说）

师：是啊，多么令人敬佩的盘古！就这样，不知过了多少年，天和地逐渐成形了，盘古却累得倒了下去。请同学们再细读课文，看看盘古倒下去后又发生了什么事？

师：请同学们闭上眼睛听老师朗读课文的句子。

盘古倒下以后，他的身体发生了巨大的变化。他呼出的气息变成了四季的风和飘动的云；他发出的声音化作了隆隆的雷声；他的左眼变成了太阳，照耀大地，他的右眼变成了月亮，给夜晚带来光明；他的肌肤变成了辽阔的大地；他的四肢和躯干变成了大地的四极和五方的名山；他的血液变成了奔流不息的江河；他的汗毛变成了茂盛的花草树木；他的汗水变成了滋润万物的雨露……

师：倒下去的盘古变成了云和风。你仿佛看到了什么？是怎样的风？怎样的云？

生：我仿佛看到蓝蓝的天空中飘着一朵朵洁白的云朵。

生：我仿佛感觉到一阵又一阵轻柔的风拂过脸庞。

生：我仿佛看到了微风一吹，云朵就飘得更远了。

……

师：同学们，就带着这样的感受自己再读一读这句话吧。谁来读一读？老师想请同学们选自己喜欢的变化读，带着自己的想象读。

师：江河是怎样的？生命的绿色是怎样的？谁能带着理解读读这些句子？（学生读完，教师相机评价。）

师：你见过雨露吗？同学们伸出你的小手，这就是荷叶，上面滚动着露珠，这露珠可爱得像什么？

生：好像晶莹透亮的珍珠。（全班再读这个句子，教师指导多音字血液的"血"读音：xue，四声）

师：盘古就是这样……

师生配乐读：他呼出的气息变成了四季的风和飘动的云……

4. 升华《盘古开天地》故事

师：同学们，盘古的身体，是不是只发生了这些变化呢？你是从哪里看到的？谁来具体说一说。

生：盘古的身体还发生了许多变化。课文里这个句子后面有个省略号。

师：这个省略号是什么意思呢？

生：说明盘古身体还有其他的变化。比如他的耳朵、他的牙齿都会变成什么呢？盘古的身体还会变成很多大自然的各种东西。

生：他的牙齿变成玉石。

生：他的头发变成了柔软的绿色的柳枝。

……

师：盘古就是这样，把自己的身体都奉献出去，化成了我们这个美丽的世界。小朋友们想对盘古说些什么？

生：盘古，感谢你，把天和地分开了。

生：盘古，感谢你为我们创造了一个美丽的大自然。

生：盘古，我觉得你就是一个顶天立地的创世英雄。

师："人类的老祖宗盘古，用他的整个身体创造了美丽的宇宙。"这句话虽然普通，但是包含着人类对盘古的赞美。（学生重复读课文最后一句话）

师：《盘古开天地》这是一个神话故事，这个神字你能组出哪些词语呢？

生：神奇、神仙、神秘、神话（教师对应讲解神话故事的特点）。

师：同学们这些也是神话故事（屏幕出示），可以拿起这些书，读一读。

【板书设计】

盘古开天地

```
                    天
    盘古      开
                    地
```

【教学反思】

我们从哪里来？又到哪里去？世界最初是什么样的？宇宙究竟是怎样形成的？……千百年来，人类总是会执着地追问自身的来源和去处。在古老的华夏大地，人们也在想象中为自己的困惑做出解释，于是就出现了盘古开天地、女娲补天、后羿射日、嫦娥奔月、夸父逐日等这些神话故事，这些神话都在帮人们试图解释一些本源性的问题。这些神话中的形象担当着不同的角色：女娲创造了人类；后羿射掉多余的太阳解决了大地干旱的危机……盘古开天地的动机

究竟是什么已经不重要，我们要更加看重的是神话故事本身强大的象征意义。在这些故事中，在现实生活中，人物形象所迸发出来的强烈光彩已经使人们忽略了考据论证的兴趣，大家更加感动的是故事本身所包含的精神寓意。

1.《盘古开天地》诠释了语文是工具性与人文性的统一的核心思想

《义务教育语文课程标准（2011年版）》指出：工具性与人文性的统一，是语文课程的基本特点。

在教学中，语文既是生活中的工具，也是思维和交际的工具，同时也是其他学科的学习基础。语文教学最重要的是培养学生了解中华民族文化和学习、运用祖国语言文字的能力，也就是要进行扎实的听说读写训练，这是整个语文教学的基础和核心。任何形式的语文教学都必须以语言训练实践为主体。《盘古开天地》一课的深度解读，充分体现了这一要求。

神话故事本身对儿童而言就十分具有吸引力，怎样把儿童感兴趣的文本内容讲深、讲透，教学环节中多种形式的品读、悟读就是一种很好的做法。在教师的引导下，学生一边读句子，一边谈感受。教师的引导层层递进，无论是课堂中的朗读，还是让学生发挥想象，抑或是对文、句、段的思考，学生们朗读一遍比一遍流利，一遍比一遍动情。例如，抡的讲解，教师带着学生做动作，再引导学生自己带着动作读，学生越读越带劲儿，盘古开天地的艰辛也就在这一遍遍的带动作的朗读中得到了有效渗透，也在不断地朗读中，熟悉了课文句子，在教师不断补充材料的基础上，跟着教师的思维，打开了话匣子不断地与教师聊起来，等等，这些无一不是语文教学，无一不是学生的语言实践活动。就在这样一些丰富的、多样的课堂实践中，学生的语文积累之门洞开，他们侃侃而谈，甚至妙语连珠，既训练了听说能力，又习得了更多的语文方法、语文能力、语文思维。

我们所指的人文性，首先强调的是语文课程所特有的丰富的人文内涵对学生进行的熏陶和感染，拓展及深化学生的精神领域，对学生的人文精神固本厚根。课堂中，教师要善于引导学生开掘祖国语言文字特有的人文价值，也就是汉语文字中所包含的思想认识、历史文化和民族感情，注意体验中国人独特的感受，进而学习中华民族的优秀文化，换句话说，就是培养"民族的价值观和认同感"。其次，人文性指的是追求自由的精神，强调的是个人的自由与尊严。在教学中，教师要让学生"站在课堂中央"，把选择权还给学生，充分尊重学生的自由及自主，并注意培养学生独立思考、反思和怀疑批判的精神。最后，《义务教育语文课程标准（2011年版）》里明确指出：在阅读教学中，要珍视学生独特的感受、体验和理解。课堂中，强调的是每个人独特的生命价值，尊重学生的独特性、差异性和多样性，这一点无疑是最重要的。

《盘古开天地》这一神话故事本身对学生就构成了一种民族文化的涵养和教化，盘古身上的坚强、执着与大爱代表的就是中华民族的优秀文化，包含的就是中华民族的思想认识、历史文化和民族感情。在师生对话、互动中，故事的主题一次次被拓展、被深化。例如，盘古开天地之后，他的变化很多，"他呼出的气息变成了吹动的风和飘动的云"这句，老师请学生闭上眼睛，听老师泛读，学生们想象画面，老师的泛读极其动情，"风……云……"，仿若云朵真的悠然飘飞在天空，风轻柔地吹拂于耳边，精妙的范读，打开了一个画面，那就是盘古倒下后身化万物的变化，文字上看似枯燥的七种变化变得立体丰满起来，课堂此处的教学以学生丰富的想象和多样的思考最终落到了实处。教师的阶梯式的引导，一种朋友之间、双主体之间的轻松、自由的对话，从鼓励学生说出自己对文本的感受、体验与理解，以读促背，以读促悟，到赞美盘古为大地、为人类的无私奉献的主旨升华，学生的思维、思想乃至精神境界得到极大的提升。整堂课教学中，强调语文的人文性，强调对于文本多角度、多元化的深度解读与挖掘，强调在课堂中师生之间的深度对话与互动，注重课堂文化含量（思想力量和精神力量）和思维深度，注重对课程资源的整合，力求为学生打下一个精神的底子。所以说这堂课完成后，学生语文素养的收获是丰盈的，精神层面是成长的，是有人文收获的。

2.《盘古开天地》体现了立足文本、超越文本、回归文本的统一

首先，《盘古开天地》这一课在教学范式上有这样一个风格体现：立足文本、超越文本、回归文本。全文的教学线索是"聊故事里面的故事，聊故事后面的故事"，以前的大地是什么样的—盘古为什么要开天地—他怎样开天地—盘古开天地后的结果。在这一教学设计结构展开的过程中，教师根据二年级学生的认知特点，立足并紧扣教材提供的文本，主要通过语言文字、问答互动、配乐读等创设出可感、可触之情境，让学生多读多悟，吟咏品味，在潜移默化

中受到感染，这一教法符合语文新课程体系的教学规律。因为，教材是最重要的课程资源，它是新课程理念、知识与技能、情感态度与价值观等的载体，是师生课堂上合作探究、互动的凭借，从教育文化的角度来看，教材实质上体现的就是教育对文化的一种选择。文本讲透彻了，它提高的是学生的语文学习能力，只有立足文本，用好文本，读好文本，才能提高当下的语文教学质量。

其次，我们也客观地看到，文本是阅读教学的基础并不是全部，教材所提供的文本是有限的，学生阅读能力的提高、语文素养的培养、语文学习能力的发展必须立足在文本上并想办法超越文本才能得以有效完成。而超越文本包含有两层含义：一是突破文本的限制，让语文课堂教学回归生活，确立生活语文的观念；二是让学生大量、甚至海量阅读文本外的文章、书籍，增加语文知识的积累量。上完《盘古开天地》，我们感受到，在学生充满个性的回答背后有着灵动的思考，他们最后用神秘、神奇、神圣、神仙这些词语来总结全文，教师相机推荐了《女娲补天》《嫦娥奔月》《后羿射日》等神话故事给学生阅读，这就是注重践行主题教学的体现，也是有效整合教学资源的重要渠道……不一而足，历史的跨度，空间的转换，古今中外，尽收眼底，所有的这些超越文本，都有效地服务于《盘古开天地》这一文本的学习，服务于超越这一文本的大语文的学习体验，服务于学生生命的成长和精神的成长，服务于把学生变得更美好、更纯洁、更善良、更友爱。

最后，语文教学必须懂得回归文本，否则容易导致散乱的活跃之局面。阅读教学的适度回归文本的意义有以下这些方面。有利于加深学生对文本教材中字词、文段的理解和巩固，熟读成诵，熟能生巧，在潜移默化中获得积累并学会运用。由于语文的人文性，所以很多课文中具有强烈的价值引导的目标，其内在的价值取向有明确的教材要求，从这一点上看，回归文本是语文教学的基础，教师要思考的关键是，如何才能做到超越文本与回归文本之间统一和自然衔接。

居课堂之小，观生活之大

——学习童话故事《一块奶酪》

【教材分析】

《一块奶酪》是人教版部编版三年级上册第三单元的一篇略读课文，这是一篇情节生动有趣、富有悬念的童话故事。故事主要讲了蚂蚁队长召集小蚂蚁们搬运奶酪时，不小心拽掉了奶酪的一角，最终蚂蚁队长战胜了自己想偷吃的心理，命令最小的蚂蚁吃掉了奶酪。课文通过对语言、动作、心理等方面的细致、生动地描写，把文中这位威严而又关爱弱小、曾经犹豫最终克己守法的蚂蚁队长刻画得淋漓尽致，给读者留下了深刻的印象。

【教学目标】

根据学生的年龄特点，结合本组教材的训练点及语用点的落实，本课的教学目标设计如下：

（1）通过课本剧表演，理解课文内容，体会蚂蚁队长以身作则、严守纪律的美好品质。

（2）理解蚂蚁队长面对奶酪时的心理变化过程及原因。

（3）抓住文中典型句式进行语言拓展训练，提高语言运用能力。

【教学重点】

引导学生抓住文中蚂蚁队长面对奶酪时前后四次下达命令，从中体会蚂蚁队长以身作则、平等待人、关爱弱小的美好品质。

【教学难点】

深入体会蚂蚁队长心理发生的变化和原因。

因为这是一篇略读课文，篇幅比较长，如何实现长文短教呢？在40分钟内如何有效地落实教学目标呢？教师采用了质疑导学法，以精心提炼的核心问题作为学生探究交流的突破口，层层递进，引导学生深入故事中，感受故事的深刻主旨，并从蚂蚁队长的身上受到情感价值维度的教育。

同时，通过精心设计的问题导入，促使学生联系生活实际，进行自主探究学习，不断加深对故事内涵的体会，深刻地体会蚂蚁们面对美食诱惑时所表现出来的自制力和纪律性。同时将语文课堂延伸到生活大课堂中去，实现知识的有效迁移，进而指导"仿写句式练习"，扎实落实语用目标。

【教学过程】

（一）走进文本

出示奶酪和小蚂蚁两张照片，创设情境，引导学生感受故事。

（二）初读课文

重点指导稍息和处罚两个词字形和多音字的读音。

（三）课本剧表演

《义务教育语文课程标准（2011年版）》指出：学生是语文学习的主人，可以在课内外组织参观、访问、办报、演课本剧等活动。三年级的孩子活泼好动、求知欲强，课本剧表演，可以快速地帮助他们在短时间内捕捉到故事的主要信息。

课本剧表演由老师饰演蚂蚁队长，6位学生演小蚂蚁。课前需要简单排练，以便在课堂上顺利而完整地展示故事情节。这节课，通过课本剧这种生动直观的方式，让这个富有童趣的故事动态地呈现在课堂上。学生的亲身参与，师生的互动，营造了和谐良好的学习氛围。在这个基础上，紧接着以填空的方式引导学生完成故事大意的概括，这一设计，既降低了概括课文主要内容的难度，又在较短时间内让全班学生把握了故事的主要脉络，为长文短教做了很好的铺垫。

（四）围绕问题，感悟品质

《一块奶酪》这个童话故事表达了一条清晰的阅读主线——蚂蚁队长面对奶酪诱惑时前后四次下达命令，每一次命令前，作者都有细致的神态和动态描写，表现了它不同的心理状态，围绕这一主线，教师设置了贯穿整个教学过程的核心问题：你觉得蚂蚁队长是一个怎样的队长？结合课文说说理由。这看似是一个开放性的问题，但其实答案就是故事中的每一个重要情节，因此，这个问题的解决也串联了教学过程的每一个环节，所以，解决了这个问题，就解决了教学的重点。

因为对课文有了感性的认识，学生会从文中找出蚂蚁队长和小蚂蚁的一次又一次的对话，通过和老师、同学们的讨论交流，一步步地体会到蚂蚁队长是一位（一视同仁）、（爱护弱小）、（以身作则）的好队长，所以，在这么好的队长带领之下，蚂蚁队员们干起活来，更有劲儿了。

在体会人物品质的同时，我抓住适当的时机落实语用训练目标。略读课文往往在单元主题内容上是对精读课文的进一步补充，它和精读课文一样，几乎都能在文中找到练笔处，因而在教学时，非常适合采用读写结合的形式。这样可以减少对课文内容烦琐的分析，而在说话和写话训练中多下功夫，使三维目标在说话训练和练笔中达到整合。

因此，找准略读课文的练笔处能使情感熏陶和语用训练达到和谐统一。

基于此，教师利用文中的典型句式："_____奶酪_____多诱人啊！不要说_____吃_____，单是_____闻闻_____，都要淌口水_____。"从此句中提炼出语用点，让学生多角度地进行仿句练习，拓展语言的运用能力，突破了本课的教学重点，同时还体现了语言文字的工具性。因为此环节的设计可以让学生懂得，课文中很多好的句式就像一把万能钥匙，能同时表达对人、景、物等方面的感受，领略到如何才能把一个句子写具体，使其内容更丰富。

第一种用法：把句式迁移到其他物体的描写当中，如这条连衣裙多漂亮啊！不要说那像荷叶似的裙摆了，单是这两只玲珑的袖口，都让我爱不释手了。

第二种用法：把句式迁移到景色的描写当中，如西湖的景色多迷人啊！不要说登上古老的泗州塔一览全景了，单是漫步在苏堤上，都让人神清气爽！

第三种用法：把句式迁移到人物的描写当中，如弟弟多可爱啊！不要说那粉嘟嘟的脸蛋了，单是看那白莲藕似的小手臂，都已经让人想亲一口了！

（五）品读对话，感受心情

《义务教育语文课程标准（2011年版）》指出：阅读是学生的个性化行为，不应以教师的分析来代替学生的阅读实践。本课是从以下几方面来开展文本的阅读指导的。

1. 品味重点词句

教师先让学生画出蚂蚁队长在文中出现的四次对话描写，圈出文中最能反映内心活动的词语：七上八下、生气、犹豫、命令，挖掘出蚂蚁队长下命令时内心最真实的情感体验是：想吃奶酪的渴望—犹豫—下定决心—拒绝诱惑的心理变化过程，明白蚂蚁队长在威严的外表下，也有一颗普通蚂蚁的心。在诱惑面前，蚂蚁队长能用强大的自律意识维护团队纪律的原则性，又是多么可贵！

2. 指导感情朗读

有了对文段字词的理解，有了情感的铺垫，教师相机指导学生朗读蚂蚁队长的几次下命令的对话描写，用不同的语气读出心情的变化起落，再让孩子说说："你会用什么语调来读这段文字？说说理由是什么？"

3. 拓展延伸，续编故事

续编故事有助于培养学生的想象力、创新思维能力和语言表达能力。在本课的最后环节里，教师设计了一个口语训练话题：当奶酪成功搬进洞里后，大家会对蚂蚁队长说些什么？情景的创设，让学生有感而发，再次走进蚂蚁们的内心世界，表达自己对蚂蚁队长的感受和评价。当然，稚嫩的表达声音里，除了赞美，也有可能是批评，如不喜欢队长的过于威严，不够亲切等等。不管是什么样的感受，教师都应该珍视学生独特的阅读见解，让学生在提升表达能力的同时，具有对同一个问题的思辨性，这种课堂上的思想火花的碰撞，也让《一块奶酪》这个童话故事更富有教育的内涵。

【教学反思】

有儿童的地方，就有童话故事。很多经典童话，如《安徒生童话》《格林童话》等，都是全人类文化的精髓，是全人类文化的经典，这些童话充满着无穷的魅力，陪伴着一代又一代的孩童长大，在美好的阅读时光里，我们总能从每一个童话里感受到作者一颗温情的心、一颗慈悲的心。《一块奶酪》这节课，不仅仅是一节内容丰富、生动有趣的语文课，更是一堂非常深刻的故事课。它使我们深深地领悟到童话的美、文学的美，让我们深深地为童话所包含的艺术美、人性美所感染。

1. 回归母语教育

回归就是回到，祖国的语言文字就是中华的魂、民族的根，是我们血脉相承的纽带，也是语文的人文性和工具性。学语文和学外语很不一样，如果我们的语文教学只是重视字、词、句、语法教学的话，就会使简单的东西复杂化，就会使生动的东西抽象化。这样上课也会把生动的文学作品和经典美文变得味同嚼蜡，使学生学习语文的兴趣被打消。学习祖国的语言文字，我们的母语，重在感悟。教师要想办法让学生感受到语言的魅力，感受到形象的鲜明性，感受到作品背后的内涵。《一块奶酪》这则童话故事，隐喻着、象征着一个天真可爱的孩子的成长故事，这个故事背后体现了最具人性、最具生命意义的那种思考，蚂蚁队长在它威严的外表下也有一颗普通的平常心。"金无足赤，人无完人"，如果课堂上把握了这一点，也就回到了温暖人心的母语教育。

2. 回归文学教育

小说、戏剧、诗歌都属于文学的范畴，而文学就是语言的艺术，它是以语言作为工具来塑造形象，来描绘意境，来反映社会现实生活，来表现作者的生命体验的。所以我们常说："艺术源于生活，但高于生活。"文学也是一样的道理。课堂上，教师通过各种情境的创设，引导学生和文本对话，引领他们到了童话的世界，去感受童话之美，去领悟语言的魅力。那么，童话的魅力在什么地方呢？简单地概括，那就是童话具有超现实的、幻想的构思。有趣的童话为孩子们提供了一个想象的精神空间，一种诗意的精神享受。

童话一般分为三类：第一类是拟人体童话。就是故事里的形象，不是我们现实中的人，是非人的形象，把非人的形象作为人类来讲，赋予它人的行为、语言、性格和思想等，如安徒生的著名童话故事《丑小鸭》等。拟人体童话不仅仅可以把自然界里的动物、植物、微生物作为一个有生命的形象来讲，某种抽象的观点也可以作为一个形象，如孩子们最爱的《宝葫芦的秘密》，宝葫芦就是一个观念，希望不劳而获、坐享其成的观念，作者张天翼就把这种观念用宝葫芦的形象体现出来。《一块奶酪》就是一篇拟人体的童话。这个故事因为有了对蚂蚁队长心理活动的细微描写，所以也就表现出来了蚂蚁队长两次想偷嘴的心理是很生活化的，它的想法很贴近孩子们的生活实际，随着对文本句子理解的深入，蚂蚁队长的形象也就逐步丰满起来了，变得亲近起来，仿佛就是自己身边的朋友。第二类是超人体童话。这类童话故事里的形象不是一般的人类，它有自己特有的功能或特殊的本领，万分危急的时刻总有解救危机的秘密武器，如安徒生童话里的有300年寿命的海的女儿、俄国普希金写的《渔夫和金鱼的故事》里的金鱼、《哈利·波特》等。这些著名的童话故事都是超人体童话。第三类是常人体童话。顾名思义常人体童话就是我们普通人中的你我他，最经典的就是《卖火柴的小女孩》《豌豆公主》《皇帝的新装》等。常人体童话最大的特质就是采用夸张性的描写。所以，在教学中，如果教师没有很好地认识童话，把握童话的类型，就不能很充分地感受到童话的魅力。如果教师对这方面认真研读，就可以对文本重难点有一个更全面的把握，更好地引导孩子回到文学本身的学习。

3. 回归儿童本位

教师要上好一堂课不是一件一蹴而就的事。因为既要指导学习文本的主题，又要关注学情设计出学生能够理解和接受的教学环节，这就需要教师要学会角色转换，站在儿童的角度、从儿童的情绪出发去理解课文，去感悟文本的内涵，而不是授课者以成人的眼光和思考一味地向学生灌输，而应该让"儿童站在课堂中央"，和他们一起出发，一起去探究。

《一块奶酪》这课，学生特别喜欢蚂蚁队长为想偷吃奶酪渣而故意支开小蚂蚁这部分的描写，因为课文在语言描写上运用了很多破折号，在读课文时，学生们都故意拉长声音读，语气惟妙惟肖，把蚂蚁队长大为恼火的样子通过语气的模仿表现了出来。所以说，儿童的阅读是感性的而且是全身心投入的，是不带任何功利的，他们很容易被作品中的故事情节和人物形象所感动、所同化。当他们被深深感染的时候，也就是他们将自己等同于童话中的形象的时候，他们希望自己是超人，希望自己是哈利·波特，希望自己是白雪公主而不是那个让白雪公主吃毒苹果的狠毒皇后。所以说，如果在小学阶段，学生能大量阅读经典的童话，有海量的积累，于他们个人就是一笔巨大的精神财富，喜欢童话的小孩不会变坏。喜欢童话的孩子语言表达能力和想象力的发展会更丰富，而情感世界会更加细腻和感性。因为很多童话作品的语言和构图都非常美，读起来让人感到温暖，让人懂得人世间的真善美会怎么改变一个人，改变我们的生活，让这个世界变得更美好。所以说，教学中和学生一起学习，站在学生立场，设身处地地为学生去想，真正把教师和学生的心融入文本中去，这就是回归学生本位的母语教育。

个人随笔

中 篇

同课异构，教学相长

——关于2017年区域四校教学研讨活动感想

在教师们的努力下，安排得满满当当的一整天区域四校教学研讨活动圆满结束了。静下心来，总结本次活动，从学校教育教学管理层面上看，这次的同课异构教研活动带给我们的是一个发展的警示、交流的平台和展示的机会，也为打造一个团结、自信、敬业、创新的区域教师团队搭建了专业成长的舞台，为提高区域教师文化素养和教学能力提供了一个扎实有效的抓手。

一、基于警示的一次同课异构

我们一线教师常常会按照自己固有的经验和习惯来完成学科的教学任务，对于课程体系，很多时候会忽略或没有考虑深层次的教学内容并根据学情进行有针对性的探讨。"年年岁岁书相似，岁岁年年人不同"。让学生接受程式化的、经验式的固定教学模式，肯定不能达到最好的效果。更何况现在的教学，早已不是简单的知识传授。直观我们今天的同课异构教学模式也就成了警示教师审视自己、正视差距、直面课改的最有效的途径之一。

二、基于交流的同课异构

既然是异构，就需要调动更多的教师参与到活动中来。今天，我们做到了！有来自深圳的水田学校、东莞的洋洋学校、博罗的东园学校……今天的南坛小学实验学校济济一堂，非常热闹！参与就是一种态度，大家看到，各兄弟学校的领导、评委和教师们早早来到，以积极的态度参与教研活动，让人感动！我们还看到，每位上课教师精心准备、因材施教，表现出了不同的教学风格，精彩的课堂演绎，让人喝彩！一堂课，如何关注学情，如何打造高效课堂，最好的标准是什么，应怎样评价课堂实效……诸如此类问题，在今天的活动中，都是热点问题，每个学科组在下午的评课环节都进行了深度的探讨和交流，大家坐下来，自我剖析、自我反省，一起总结、一起提升，这就是同课异构的核心意义所在。因为，没有交流和分享，就没有同课异构。异构的过程就是一个交流的过程，相信今天在座的教师都会有不同的收获，也都能真切地感受到同课异构活动的特点，分享区域校际研讨的快乐，并在不断的交流中感受到同课异构的魅力，共享了东莞洋洋学校丰富的教育资源，当然最重要的一点是活动还增进了我们彼此间的友谊！

三、基于合作的同课异构

众所周知，同课异构面对的毕竟是陌生的环境，不同的学生，还需要和兄弟学校的教师同台PK，刚开始，可能大家都会预想一些上课会遇到的困难：陌生的课堂能否顺利完成教学目标？能不能很好地把自己教学最闪光的一面展示出来呢？一天的教研活动下来，我们发现这种担心是多余的。因为大家看到了一位位年轻教师自信而多样的教学风格、巧妙而流畅的教学设计、自如的课堂驾驭；看到了教师们不仅把本次的同课异构活动看作是展示自己教学基本功的平台，更看作是为学校争光的好机会；同时，我们还欣喜地看到今天承担同课异构教研活动的四所学校，就是四个齐心协力、精诚合作的教学研究团队。

同课异构，教研的有效抓手！感谢今天的教研活动带给我们的美好而有意义的一天！

2017年同课异构活动总结发言

精彩的课堂

分享与交流

同课异构教研活动合影

清华附小的视界与世界

——广东省中小学名班主任工作室主持人赴北京学习交流活动有感

本次的交流活动，第一站是清华附小。时间并不长，却带给我极大的震撼。

苏霍姆林斯基说过："一所好学校最重要的不是物质上的富有，不是外界给学校提供的物质帮助，而是每个孩子、班级和老师用自己的力量为学校做了什么，用自己的双手建设的学校才最有特色。"

美丽的清华附小是一所园林式的学校，由7栋主体建筑和12大景观组成，每一栋建筑及景观的命名、文化阐述都深入全校师生的内心。这里树木繁茂，鸟语花香，静静地守护着校园，悄悄地述说着附小百年的厚重历史……

清华附小是什么？

一、清华附小是书香弥漫的校园

清华附小不论是对教师，还是对学生，都有诸多书目提供，并提供良好的阅读场所，这里有10余万册藏书，教室里、阅读角和图书馆满眼望见的都是书，学校每个角落随手都可以取到书。学校还为每位教师配备每学期的必读书目，并将书送给教师作为每学期的开学礼物……美好的一天从阅读开始，窦桂梅校长教导孩子们："读经典的书，做有根的人，让经典改变人生。"在这种氛围的引导下，清华附小师生已经形成了一种爱读书的习惯。另外，在学生读书方面，学校为学生提供100多本必读和选读书目，制定了每天固定的阅读时间。我想孩子们一定能在书香中领悟中国的传统文化和人生真谛，为聪慧和高

尚的人生奠定基石。是这种热爱阅读、热爱学习的氛围，深深地感动了我们。

二、清华附小是孩子们眼里的快乐家园

清华附小校园有美丽的丁香树，有宽阔的操场、如茵的草坪……还有美丽的窦校长在门口等待，她的笑容让孩子觉得自己是世界上最幸福的人；这里还有充满朝气和活力的教师，每天用心地陪伴着孩子。在这里有这样一个共识：孩子只有差异，没有差别。因此，在建设课程中，附小实施"1+X课程"。"1"就是整合后的国家课程，"X"就是实现个性化发展的拓展性课程。目前，清华附小拥有44门"X"课程，包括健美操、武术、法语、书法、阅读与写作、演讲与口才、数学思维、DI头脑风暴、轻松发明、机器人、舞蹈、合唱、国画、素描……这些课程照顾每一个学生的个性发展，弥补了国家课程中缺乏照顾发展的短板。通过"1+X课程"的实施，附小充分发掘了学生的天赋，让许多学生在这里找到了自信，找到了兴趣点，有的学生在国际机器人大赛中获奖，有的学生的发明获得了国家专利，有的学生在世界各国巡演……"每个孩子都有的天赋"，苏霍姆林斯基的教育观点与清华附小的办学理念不谋而合。正是在这种理念的指引下，清华附小的学生健康、阳光、乐学，快乐成长。

三、清华附小是陪伴孩子成长的港湾

一个好教师意味着什么？首先意味着他热爱学生，感到跟学生交往是一种乐趣，相信每个学生都能成才，善于跟他们交朋友，关心学生的快乐和悲伤，了解学生的心灵，时刻都不忘记自己也曾是个学生。教师对学生的爱，应当是立体的、无条件的。只有做到这一点，才能成为一个真正的教育工作者。近年来，清华附小一直在推崇爱所有学生的理念，去呵护每一个幼小的心灵，高度关注学生的生命体验，关注学生的个性发展，让每个学生都快快乐乐地成长。清华附小是一个敢于实践、有创新能力、有国际化视野并注重因材施教的好学校——"1+X课程""每天一节体育课""水木秀场"……特色教育异彩纷呈，在这所充满人文关怀的学校里，低年级的陪伴教育，中年级关注学生的个性差异，高年级的价值观引导……班主任的班级个案研究是多么科学、细致，教师们是多么用心去琢磨如何培养、教育和挖掘每个学生的潜力。陪伴就是最

好的教育！在这里，班主任的地位是至高无上的，是学校品牌的代言人！"健康、阳光、乐学"是清华附小学生的样态，"敬业、博爱、儒雅"则是清华附小教师的样态。这一切，就如她对社会的庄严承诺：我们努力，让学校的每一个角落都能充满向上的精神与教育的智慧；我们努力，让学生的每一个时刻都能享受学习的收获与成长的乐趣；我们努力，让教师的每一天工作都能体会职场的幸福与专业尊严。

半天的参观交流时间很短，却又很长很长！清华附小之行，是一段不被辜负的时光！在这美丽而宁静的校园里，我们仔细地聆听着，细细地品味着。哦！这里有着无限广阔的视界与世界！清华附小应该是什么呀？教师饱满的工作热情、学生那一张张如花的笑脸在悄悄地告诉我们：这里是一个用爱陪伴、用心陪伴、用书陪伴、用健康陪伴、用智慧陪伴、用阳光陪伴、用各种美丽陪伴学生的精神家园！

此行恰逢清华附小的百年校庆在即，我要把心中最美的祝福送给她：愿这棵中国大地上的常青树永远枝繁叶茂，永远充满教育的活力！

不被辜负的时光

——广东省中小学名班主任工作室主持人参访清华附小有感

四月的北京，漫天柳絮，飞在枝头，落在指间，坚硬的古城墙挡不住京城春天的柔美。

在这样的季节里，能随广东省名班主任考察团再次踏足古都，有一种说不出的莫名感觉。是兴奋？因为这样的机会千载难逢。是激动？因为能和志同道合的同行一起访学。是充实？因为每天行程满满，收获多多。都是又都不是，一切的感觉只能用一句话来形容，那就是这是一段不被辜负的时光，一如我们参访的那所学校带给我的感觉，那所学校的名字叫——清华大学附属小学。

我简直不愿意用名校来称呼她，因为对清华附小来说，一切的褒扬都不过是在她前面再加一个形容词而已。谁都知道这里有声名远播的全国著名特级教师窦桂梅校长，谁都知道这里有得天独厚的师资，谁都知道这里正在进行国家基础教育改革试验。我更感兴趣的是，这所我憧憬已久的学校和其他的名校有何不同？而当我真正走进清华附小，我产生更多的困惑！

一、四大困惑

1. 这里的校门那么不起眼

下了车，几乎是怀着朝圣的心情一路前进着的，有树，有白发苍苍的老教授，有儒雅的行人，有意气风发的大学青年，有……当我迷恋一路的风景时，不知不觉就到了，我怎么也不愿意相信，眼前的一扇普通得不能再普通，小得不能再小的的铁门就是清华附小的校门！印象中的名校大门不都是雄伟壮观的吗？

2. 这里的孩子更爱笑

穿过大门，我们一行人往清华附小报告厅走着，恰好遇到操场上做操的孩子们，看见我们这些浩浩荡荡而来的教师，孩子们没有丝毫扭捏。看到的是一张张微笑着的脸，一个个向你点头问好，脸上洋溢着一种自信。刹那间，我有点恍惚，因为这种微笑我是很熟悉的，但很少能在学校看到，那种微笑更多的是在公园才能看到！参观过很多名校，许多孩子也是彬彬有礼的，可是你会感到他们仿佛有某种负担、某种不自在。可是，这里的孩子不是，他们是一群微笑的小天使，他们用微笑融化了一个个远道而来的客人的心。

3. 这里的教师有很多是小年轻

清华附小的师资之雄厚向来让人羡慕，特级教师在这里不稀罕，真可谓名师云集，群英荟萃。所以，我以为这里一定不会有年轻教师，可是我又错了，这里不但有年轻的教师，更有一群年轻教师。为我们分享经验的教师最年轻的入职才几个月，但丝毫没有青涩的感觉，讲起班上学生的故事，自有一种老班主任的成熟与淡定。更难得的是，这些年轻教师各有特长，有的把相声的元素带进了班主任工作，有的和学生完全打成了一片，是什么让这群年轻班主任如此富有个性而又不失成熟呢？

4. 这里的教师劳而不倦

参与分享的教师每个人结束语都会说："接下来我要回到教室陪伴我的孩子们了。"中午放学时间到了，分享刚结束的教师们还要赶着给孩子派饭分菜。据说，清华附小只有上班时间，没有下班时间。窦桂梅校长说："我们清华附小是白天上课，晚上管理，大会小会全在下班后。"我还了解到，清华附小的行政教师从七点半到校，直到晚上六七点，甚至八九点，或者深夜才离开学校，周末还要参加各种活动。这样的工作强度是惊人的，可是当你听他们讲述自己的工作时，那种津津乐道，那种投入，毫无疑问一切都源于责任，源于敬业，附小的教师享受着他们的工作。

当我聆听了附小教师的精彩分享之后，走在附小校园中，走进孩子们的教室，细细品味她的每一个细节，蓦然地，我解开了前面的一个个困惑，我越来越体会到"为聪慧与高尚的人生奠基"这个办学使命的分量，也明白了为什么附小的孩子能这样健康、阳光、乐学，当然，还有教师敬业、博爱、儒雅的样态从何而来。

二、三大领悟

1. 儿童站在教育的正中央

不管是清华附小的宣传片还是他们的宣传画册，你第一眼看到的永远是孩子们的笑脸。清华附小的宣传画册中对清华附小评价这一栏里，学生是排在第一位的！然后才是家长、同行、国外专家、国内专家依次展开。清华附小不但把孩子是最重要的挂在嘴边，也放在了心里，更贯彻于他们的教育行动当中。看！他们为孩子们布置的一切：为一年级学生设置的攀岩墙、秋千、沙坑、摇椅，竹林旁为孩子们搭起的小竹椅，山水涂鸦让孩子们用水尽情书画，教室里班级文化"我的地盘我做主"……一切的细节无不在诠释着儿童站在教育的正中央这样一个理念。

2. 给你一个舞台，还我一份精彩

清华附小充分利用学校课程资源，根据课程设置的五大块，为学生提供了必修和选修的系列课程。学生可以在自己感兴趣的领域探索，努力成为小建筑师、小工程师、小体育明星、小艺术家、棋类高手……清华附小为孩子们搭建了一个大大的舞台，孩子们在这舞台上绽放着个性成长的光芒，难怪附小的孩子们是那么健康、阳光、乐学。在这里，孩子们早已摆脱了应试的苦海，他们是自由、幸福的，回归了本真的孩子们又怎会不能带给我们精彩呢？

3. 大学者，非谓有大楼之谓也，有大师之谓也

大师是学校的灵魂，也是衡量学校水平高低的主要标志。论建筑、论校园硬件环境，有太多的学校要比清华附小好，可是却很难有一所小学有附小这样多的师资人才，是敬业、博爱、儒雅的附小教师让附小有了生命和灵魂。

清华附小的孩子是幸福的，一届又一届的学生在这里度过人生中最美好的时光；清华附小的教师是幸福的，一天又一天陪伴着这些多彩的生命焕发出无穷生机，时光不虚度。唯愿我们每一个教育工作者都能如清华附小的教师这般，用自己的时光陪伴着孩子们，为他们守候一段不被辜负的时光。

三、活动感悟

本次有幸能随行广东省名班主任北京考察团，收获颇多，参访的每一所学校都带给我震撼与感动，只是一时之间不能一一诠释，只能首选清华附小倾吐一点感受，希望在不断的回味中继续加深体会。短短的5天，值得体悟的太多太多，我知道，这5天必定是我人生中一段极为关键的时间节点，一段不被辜负的时光，永远值得留念。铭心感谢！

悠悠国学情，款款北大行

——小学国学经典课程规划暨教学观摩全国培训大会小记

早春四月，我怀揣感恩，满载希望，走进北京大学，走进北大的百年纪念讲堂，参加了2017年"小学国学经典课程规划及教学观摩"全国培训大会。置身于北大校园，感受北大厚重的历史与文化底蕴，仿佛整个北大上空都弥漫着浓浓的书香味道。时间转瞬即逝，历时一周的培训学习很快就结束了。这期间，我们聆听了知名教授、专家的专题讲座，观摩了特级教师的国学课堂，欣赏了著名播音艺术家的深情朗诵，深切感受到祖国传统文化的博大精深。我被圣人智慧之言熏陶着，被崇尚师德、治学严谨的教授们感染着，被来自全国各地的教师们的真诚友善与勤学好问感动着。

在这次培训中，我有两个学习体会。

一、何为国学经典？

作为一线教师，本次学习的最大收获就是再次感受国学的魅力，对国学的理解有了跟以往不一样的思考，概念逐渐清晰起来，就如国学大师章太炎老先生对这个概念的精辟诠释："国学者，乃一国固有之学问。"换言之，国学就是中华五千年灿烂文明中学术文化的结晶。国学包括经、史、子、集四部分，"经"指四书五经，"史"指二十四史等，"子"指先秦诸子的学术成就，"集"指文人创作，即文学与文学批评。国学经典经历了几千年历史长河的洗礼、沉淀，是我国民族文化的精髓，不仅蕴含着崇高的人格美和深刻的智性美，更成就了一个伟大民族的血脉精神，是中华民族的文化之根，是华夏子孙安身立命之本。就如北京大学中文系博士生导师卢永嶙教授说的那样："人是有民族的，我们引领着孩子诵读经典的根本是溯源而上——才可见清泓一泉。"我想，文化越来越成为民族凝聚力和创造力的重要源泉，越来越成为综合国力竞争的重要因素。新时代的国学教育是与时俱进的，正因为国学具有这样丰富的内涵，所以研究、推广国学教育有着深远的意义。我们要培养的是具有世界眼光，中国灵魂的人才。用国学经典构筑中华民族的共同家园，这是中华文化的复兴和创新，这也是每一位语文教师义不容辞的职责。

二、为何要学习国学经典？

国学教育是最优质的教育，国学经典具有"蒙童养正、幼儿养性、少年养志、成人养德"的巨大教育功用。北京一些经典诵读名校的教学实践告诉我们：学生经过6年的经典诵读的学习，升入初中后的优势是阅读和作文水平高，学生讲文明、懂礼貌。这些学校的国学教育经历了自发到自觉到科学规范地学习这样一个过程。这些学校的实践经验也有力地证明了学习国学不能急功近利，也不能走形式主义，为了孩子们的成长应该坚持走下去。北京师范大学博士生导师王本陆教授指出，提高国学经典教育的教育效能，需要有一个系统的总结和提升，不仅要加强小学生的阅读量，教师也要钻研经典提高自我，这样才能更好地推进国学经典教育的展开。在谈到《论语》与现代教育的关系时，中国人民大学的冷成金教授指出，《论语》与国人生活及现代教育有着密切的关联。他说，人不是生来就爱学习，但必须学习；人不是生来就是孝的，但必须是孝的；人不是生来就是善的，但必须是善的；人不是生来就快乐的，但必须是快乐的。读懂《论语》，孩子才能成为一个内心强大、境界高尚的人。他幽默风趣的语言、独树一帜的视角、鞭辟入里的分析赢得了参会教师的阵阵掌声。专家们高屋建瓴的发言、入木三分的分析，消除了在座教师们心中的疑惑，加深了我对小学国学经典教育理念的理解。作为一名语文教师，上好一堂国学课不容易，但为了自己的专业发展，必须认真钻研，上好每一节国学课，这也是语文教师个人专业素养积累的有效途径。

培训期间，大会组织观摩了"名家报告""国学经典教育成果汇报演出""示范课观摩""国学经典教育经验分享"等活动，还安排了5节年段不

同、内容各异的国学课，有《弟子规》《论语》《笠翁对韵》等，进一步阐明了理念与实践的关系。这些都让我深刻地感受到，语文教学需要国学的熏陶，让国学走入课堂，让经典文化浸润孩子们幼小的心灵，让经典文化点亮孩子们的人生，这正是我们所追求的更具魅力的教学所在。

在国学经典课程的教学实施过程中，让人耳目一新的是教师的教学体系和学生的学法指导。我发现原来国学的教学并不是枯燥地停留在诵读的基础上的，它的"三步六正"教学法、教学环节的"识字环节""文义理解""知识积累""文化感悟""联系实际"等和我们日常的语文常规教学有着异曲同工之处，两者联系紧密，相辅相成。让孩子多诵读、多积累、多感悟，让诵读的内容真正内化，衍变为潜意识、下意识。让孩子领其义、用其义，而不是用其言。而这次我们接触的经典诵读教材是融科学性和趣味性于一体的，它的内容设置了很多适合各年龄段的孩子学习的模块，寓教于乐的国学经典诠释方式突破了以往国学经典教育中缺乏趣味性的瓶颈，使学习过程变得形象、生动、活泼、有趣。课堂的教学密度也随之提高了许多，其中一位专家讲的观点让教师们感受颇深：练好童子功，国学经典教育必须从娃娃抓起！

我们教师要做的就是尽最大的能力帮助孩子做好知识储备，厚积薄发，进而升华自己的思想。我们教师要做的是改变目前经典诵读的现状：只停留在记忆层面，如何变成潜意识、下意识的知识储备。这一切都是靠浸润，而不是靠盲目地灌输。

悠悠国学情，款款北大行，此行真是受益匪浅啊！

主题活动　下篇

科技小论文实践调查报告系列

洋快餐为何这样热

一、调查目的

吃洋快餐已经成为一种大众化的消费行为，然而在我国的医学家、营养学家眼中，洋快餐无异于垃圾食品，但洋快餐怎么还是让人们趋之若鹜呢？

二、调查方法

走访调查、实地观察、问卷调查、查找资料。

三、情况分析

（一）找一找

算一算惠州市肯德基和麦当劳一共有多少家，分布在哪些地方。（看惠州市地图）

（二）看一看

（1）收集有关洋快餐的广告或宣传资料（优惠券）。

（2）顾客特点：低龄化，结伴来的人多，以家庭为单位的较多。

（三）访一访

洋快餐店员工以及社会各界人士是怎样看洋快餐的？

人们的不同说法：

（1）我们是吃着肯德基、麦当劳长大的。如果较长一段时间没吃，就觉得生活中好像缺了什么。

（2）我们喜欢餐厅干净、整洁的环境还有优质的服务，一边吃着汉堡、薯条，一边喝着可乐、奶昔聊天的感觉超爽！

（3）我们没有天天吃，每次吃得也不多，应该不会对身体有什么危害。

调查问卷结果显示：

2/3的城市居民光顾过洋快餐厅，超过90%的孩子吃过洋快餐，其中平均每个月光顾洋快餐店一至两次的占20%。大多数孩子是在节假日去吃洋快餐，有1/3的孩子选择在洋快餐店过生日。

青少年钟爱洋快餐的原因：

（1）洋快餐重视以儿童为对象的促销手段；用简单的儿童游乐设施、成套的小礼物、各色甜食，诱使孩子们不断去消费。

（2）良好的就餐环境和服务质量让他们感到轻松愉快。

（四）查一查

1. 分头去图书馆、互联网上查一查，向有关专家咨询：洋快餐的营养价值到底如何？

（1）洋快餐是不折不扣的能量炸弹和垃圾食品。

①"洋快餐"的分类：

主餐类：汉堡包、焙烤食品（面包）、速冻食品、炸鸡块、牛肉片、火腿肠等。

饮料类：啤酒、汽水、可乐、果汁、速溶咖啡等。

小吃类：炸薯条、沙拉、虾片、果仁、冰激凌及其他油炸膨化食品。

②洋快餐的营养特点：

洋快餐的三高特点：高热量、高脂肪、高蛋白质。

洋快餐的三低特点：低矿物质、低维生素、低膳食纤维。

（2）洋快餐危及国人慢性食品安全。慢性食品安全：指食品对各种慢性疾病和人体健康与寿命的影响。

代谢综合征：是指食物当中的危险因素在人体中产生明显可见的疾病后果，一般要经过十几年至二十几年。

经常吃洋快餐的人容易发胖，而肥胖与糖尿病、高血压、高血脂、动脉粥样硬化等多种疾病有关，这些疾病又被称为代谢综合征。

在青少年时期，代谢综合征的表现并不严重，但儿童时期的肥胖可以使造成代谢综合征的各种危险因素聚集，给他们成人以后的身体健康带来不良影响。因此，青少年的超重、肥胖问题，关系到他们一生的生命质量。

（3）洋快餐的某些食品是通过煎、炸、焙、烤的方式制成的，在高温烹制过程中会产生丙烯酰胺。世卫组织专家研究发现：汉堡包、炸薯条、烤肉、炸鸡、薄脆饼中含有大量丙烯酰胺，其中炸薯条的丙烯酰胺含量高出规定标准约100倍。丙烯酰胺可导致基因突变，损害中枢和周围神经系统，诱发良性或恶性肿瘤。

（4）饮料也是催人肥胖的原因。例如可乐、各种果汁、汽水，这些饮料中都加入了大量的香精、糖和人造色素，长期饮用后可因糖分的过多摄入而造成肥胖，还会影响青少年正餐的口味和食欲。

卫计委健康教育首席专家赵霖教授呼吁：不能再吃洋快餐了！

2. 洋快餐的五大危害

（1）损害少年儿童智力。

例1：2004年11月6日程昭寰教授曾经在《中国食品报》撰文介绍加拿大研究人员用高脂肪和普通饲料来喂养2组一月龄的小白鼠。当小白鼠长到4个月时，再训练白鼠完成一项简单的记忆任务后发现，吃脂肪饲料的胖白鼠的表现远不如吃普通饲料的瘦白鼠，后者学习能力更强。研究人员由此得出结论：高脂肪的洋快餐会损害儿童正在发育的神经系统，并对其大脑和思维素质造成永久性的伤害。

（2）导致肥胖和性早熟。

例2：汉堡包、炸薯条等美式快餐可引起人体内激素的变化，易使食用者特别是少年儿童上瘾，难以控制进食量。因为人体内的激素——瘦素控制着人体的饮食行为，为什么小孩吃了一次洋快餐就想吃第二次，就是因为洋快餐干扰影响了瘦素在体内的正常水平。因此洋快餐和可乐等饮料具有成瘾性。

（3）氢化油导致慢性病。

例3：洋快餐用的油是氢化油，即把植物油加氢气后生产出的油，其含有约38%的反式脂肪酸——这是一种自然界不存在的脂肪酸，是人造的脂肪酸。

由于人造反式脂肪酸具有耐高温和不易变质的特点，所以氢化油可增加食品的口感，并大大降低成本，在洋快餐中被普遍应用。然而氢化油会使有助防止血管硬化的好胆固醇（HDL）减少，使容易导致血管梗死的坏胆固醇（LDL）增加。长期食用反式脂肪酸会导致糖尿病、冠心病等慢性病的发生。一般的天然脂肪人体吸收后7天就能代谢排出体外，而反式脂肪酸则需要51天才能被分解代谢、排出体外，因此更容易造成肥胖。鉴于此，2006年10月30日，美国5500家肯德基连锁店被迫宣布停止使用氢化油，但是中国肯德基却没有这样的举动。

（4）致癌物质含量很高。

例4：瑞典国家食品管理局于2002年4月24日公布的一项研究结果表明：汉堡包、炸薯条、炸鸡等食物中含有大量的丙烯酰胺，这种物质可导致基因突变，损害中枢和周围神经系统，诱发良性或恶性肿瘤。美国食品与药物管理局于2004年公布了750种食品检验结果，再度证实了炸薯条、炸薯片、爆玉米花及饼干中"丙毒"含量最高！

（5）三高、三低营养失衡。由于洋快餐具有三高和三低的特点，即高热量、高脂肪、高蛋白质和低矿物质、低维生素、低膳食纤维，因此，国际营养学界称其为垃圾食品！

例5：2004年5月中旬，纪录片《给我最大号》在美国上映，并获得了2005年奥斯卡金像奖最佳纪录片的提名。该片记录了年轻的美国导演摩根·斯普尔洛克强迫自己在30天内一日三餐只吃麦当劳出售的食物和饮料。在这个过程中，有3位医生（心脏内科、消化内科、营养科）进行监督，并不断检查他的健康状态。此前，斯普尔洛克身高1.9米，体重不到84公斤，身体非常健康。实验进行2周后，医生发现其肝脏受到严重损伤；3周后，医生检查又发现他的心脏功能发生异常，为此医生建议他每天服用阿司匹林，但为了保证实验的真实性，遭到斯普尔洛克的拒绝。一个月后实验结束时，斯普尔洛克肝脏呈现中毒反应、胸口闷痛、血压大幅度升高、胆固醇上升了65%，体重增加了11公斤。进行监督的医生明确指出：长期食用美式快餐等垃圾食品，可能会对健康造成永久性的伤害！

近年来，肯德基在中国的利润如同其开店数量一样快速上升，已占全球利润的1/3。其经营者曾公开表示："我们希望肯德基成为中国人的邻居，你每天出门一转身就能看到它。""中国目前约有2亿人体重超标，600万人肥胖。洋快餐消费日益增多是造成中国糖尿病和高血压发病越来越多的首要原因。"

（6）全球抵制垃圾食品备忘录。

英国：2004年11月15日英国政府发布《公共卫生白皮书》，禁止电视台在晚6时到9时的黄金时段播放垃圾食品的广告。在欧洲一些城市，政府不允许这类快餐厅建在繁华的市中心，以减少快餐对儿童的诱惑和危害。

泰国：泰国卫生部促进健康办公室于2004年6月18日发起"弃绝垃圾食品"宣传活动，号召青少年拒绝洋快餐与膨化食品，从小对自己的健康负责。

美国：2005年美国农业部副部长说：美国24～74岁的成年人中，有65%体重超重，其中半数为肥胖患者。律师、营养学家、医学家和公众一致认为，快餐业应该对当前美国人民的健康状况承担重要责任！两年前，美国加利福尼亚州总检察长起诉10家著名连锁快餐店和食品制造商。

法国：在法国常常会见到一些志愿者在肯德基、麦当劳餐店门口劝告他人不要消费垃圾食品，此类活动得到政府的有力支持。

以色列：以色列每年专门设有"反麦当劳日"。

（五）想一想

根据以上活动，想一想为什么青少年都喜欢吃这种所谓的垃圾食品？传统的中国菜难道不比洋快餐更有吸引力？

（中式快餐厅的地面油腻腻、服务冷冰冰、厕所脏兮兮。）

（六）调查报告总结

（1）要加强对青少年营养知识的教育。只有了解了吃什么、怎样吃才是健康的、有益的，人们才会自觉抵制有害健康的快餐。

（2）中国小吃包含东西南北的不同风情，五花八门，品种繁多，物美价廉，要大力扶持传统、健康的中式快餐，将各种小吃统一成一个大的品牌。

学生做食品健康调查

养宠物给我们带来了什么?

——关于社区养宠物问题的调查

第一部分　调查方案设计

1. 调查背景

随着人们生活水平的不断提高，养宠物逐步成为一种时尚，许多市民都以家中养有宠物而自豪，小区里、公园里，我们经常能够看到抱着小狗、小猫的人们。宠物已经是他们生活中不可或缺的一部分了。可是，宠物在给人们带来乐趣的同时，也带来了许多不便与烦恼。人们是怎样看待养宠物这件事的？养宠物到底有哪些利弊？为了了解人们对这一问题的看法，我们对学生们所居住的社区的居民进行了调查。

2. 调查目的

了解社区居民养宠物的原因及宠物给居民生活带来的影响。

3. 调查对象

居住在调查社区中的市民。（因社区养狗的人较多，所以调查宠物对象以狗为主。）

4. 调查时间

问卷发放自2007年10月27日开始，截止于2007年11月8日回收问卷。

5. 调查程序

首先，调查员在老师的指导下，根据调查目的编制调查问卷，采取抽样调查的方式，共计发放问卷84份（问卷见附件1）。同时还采用了走访调查、实地观察等方法进行调查。

6. 调查人员

王越　　杨泽鹏　　梁嘉伟

第二部分　调查情况分析

1. 王越同学的走访调查

王越同学对在南湖边牵着狗散步的三位住户进行采访。家住南坛一位姓李的奶奶说："现在，孩子们都到外地工作了，自己在家很寂寞。养一条小狗，觉得生活充实多了。我把小狗买回来后，便到有关部门登记，并定期为小狗注射疫苗。"看来，宠物对于老人是很重要的。

家住教育局大院的小胖阿姨说："原来他们家是不喜欢养宠物的，因为他们认为养宠物的人是感情孤独的人，现在，他们想法改变了，认为养宠物可以增强人类对动物的了解，保持人类和动物的和谐关系。现在他们领养了一条小狗，并且把它当作家中的一分子。"

家住西湖丽苑的小桃阿姨说："我养宠物的理由很充分，现代生活节奏快，压力大，养狗对于心灵的安抚和情绪的调剂有很好的帮助。"由此看来，养宠物实际上就是一种给自己减压、调节身心健康的有效方式。

2. 梁嘉伟同学的实地观察情况

每当晚饭后，在金山龙庭住宅区里，总会看到许多养狗的居民带着自家的狗溜达。有时狗的主人让狗在树下大小便，这让人很气愤；有些狗的主人带宠物狗出来，会带一些粪袋，让宠物在袋子里大小便，这样就不会破坏环境卫生了。但这样的人不多见。

3. 杨泽鹏同学的调查情况

（1）2007年11月17日的《惠州日报》报道：小狗、小猫乖巧可爱一直是不少养宠物市民的最爱，然而时下的宠物市场却另类当道，蚂蚁、蝎子、仓鼠、青蛇，一些让人闻之色变的另类宠物正在年轻人中悄然流行。

怪事：蚂蚁也当宠物。市区下埔的一家宠物商店中，在此挑选宠物的刘阿姨说："前段时间邻居家的小朋友不知道从哪里弄来一些蚂蚁当宠物，她念五年级的儿子知道后，就整天吵着要买，还说很多同学都在养。"宠物店里一个透明的塑料盒内装有蚂蚁，这些宠物蚂蚁体形约米粒大小，浑身黑色，盒子顶上有气孔，这种蚂蚁叫弓背蚁，不会咬人。一盒蚂蚁卖50元，买的人多数是中小学生。

宠物店行情：宠物越怪越好卖。在市区南坛某中学后门的一家宠物店里，蜥蜴、青蛇、蝎子等也吸引了不少学生。蜥蜴一般20厘米长，青蛇约50厘米长，售价每条为一两百元。而且是宠物越怪越好卖。

（2）杨泽鹏的外婆和妹妹在2007年1月被家里养的小狗咬伤，需按时到防疫站注射狂犬疫苗。在这件事中，外科医生和兽医都提醒他们一家人：养宠物一定要慎重。特别是一些野生动物具有攻击性，孩子养宠物时，家长要格外注意，不要让孩子受伤。另一方面，不少动物都携带有细菌和病毒，特别是平常少见的动物，它们可以通过接触传染到人身上，可能诱发一些奇怪的病症。也就是习惯上称呼的宠物病。

第三部分　调查问卷数据分析

（一）问卷数据的预处理

问卷数据预处理的结果见表1。由于很多原因，部分调查问卷没能及时回收，无效问卷8份。我们根据是否养狗这一标准将问卷的调查内容分为A、B两个部分，其结构状况见图1。

表1　调查数据预处理

共发放问卷（份）	回收数量（份）	有效数量（份）	回收率（％）	有效率（％）
84	76	76	90.5	90.5

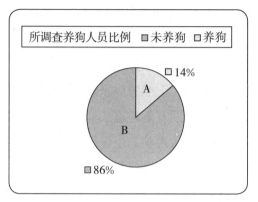

图1　是否养狗标准问卷调查内容结构状况

（二）问卷A部分调查内容的数据分析

1. 养狗原因的调查分析

由表2可知，人们喜欢养狗，第一是因为狗作为人类的朋友，从几千年前就开始了，由狼驯服而来的狗，拥有忠心、勇猛、善解人意的本性，是不可多得的能与人类和睦相处的动物，它们能看家护院，对人类忠心耿耿，像四（1）班的梁嘉伟同学家住金山龙庭住宅区，小区因位置较偏，入住率不高，治安管理系统还未完善，家里8至10月曾多次失窃，造成经济损失。所以他们专门养了几条藏獒来看家。第二是认为养宠物可以增强人类对动物的了解，保持人类和动物的和谐关系。第三个原因是排解寂寞，由狗来让自己的生活环境更加热闹，同时养狗可以缓解工作疲劳，舒缓压力。（见图2）

表2　养狗原因分析

养狗原因	缓解疲劳	舒缓压力	培养爱心	排解寂寞	心理寄托	看家护院
人数（人）	1	1	3	1	1	7
所占百分比（％）	9	9	27.3	9	9	63.6

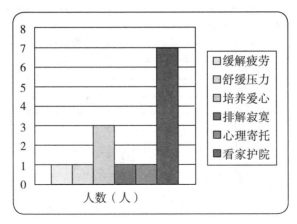

图2 养狗原因分析

2. 养狗每月平均支出

根据调查，见表3，我们了解到养狗人每月平均在宠物狗身上的花费，多数是在50~100元的范围内，说明人们在养狗的同时，也没有把狗宠坏。（见图3）

表3 狗的月均花费分析

在狗身上的月均花费（元）	人数（人）
50以下	4
50~100	2
100~150	2
150~200	—
200~250	—
250~300	—
300~500	1
500~1000	—
1000以上	1
合计	10

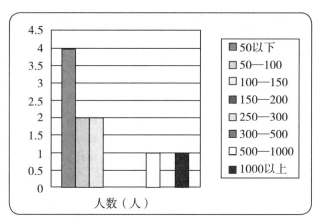

图3　狗的月均花费分析

3. 宠物狗带来的麻烦

调查结果见表4，宠物狗虽然是人类忠心的宠物，但是，任何事物都有两面性，宠物狗在带给我们快乐的同时，也带来了许多麻烦。那么对于生活中由宠物狗带来的麻烦，人们又是怎么看的呢？狗主人们认为最担心的问题有卫生问题、影响邻居、过于麻烦。（见图4）

表4　宠物狗带来的麻烦分析

带来的烦恼	经济负担	卫生问题	影响邻居	过于麻烦
人数（人）	—	7	1	1
所占百分比（%）	—	63.6	9	9

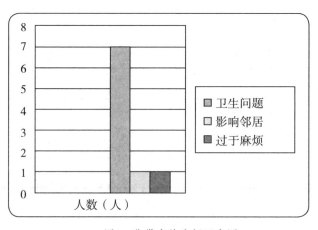

图4　狗带来的麻烦示意图

对于宠物狗是否打扰邻居这个问题，我们在A、B组都设有此问题，这是A部分的结果（见图5）。36%的宠物主人认为自己的狗影响了邻居，而余下的64%的宠物主人认为没有，可见养狗的户主都是很尽力地管教自己的宠物狗。对于国家发布的养狗条例是否了解这个问题，从A部分回答的结果来看，清楚养狗条例的人占18%，清楚一部分条例的占46%，完全不清楚的占36%。（见图6）

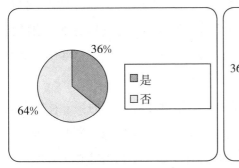
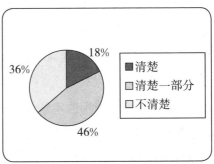

图5 狗是否扰邻调查数据分析　图6 是否清楚国家颁布的养狗条例调查数据分析

（三）问卷B部分调查内容的数据分析

1. 居民不养狗的原因（见表5）

表5 居民不养狗原因分析表

原因	时间不够	过于麻烦	经济问题	卫生问题	影响邻居	安全问题
人数（人）	18	26	3	46	18	37

由图7可知，人们较担心的是：卫生问题、过于麻烦、时间不够。

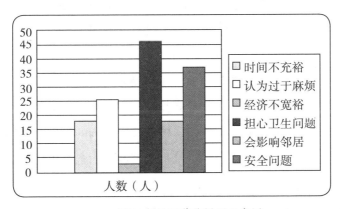

图7 居民不养狗原因示意图

（1）卫生问题。养狗的卫生问题，主要集中在如下几个方面：狗的排泄、掉毛，以及狗随身携带的传染病。首先，没有经过较好训练、排便位置不固定的狗的确很让狗主人头疼，狗的粪便不仅难以清理，而且气味十分难闻，容易招引各种蚊虫，而且还可能携带有病菌。其次，狗掉毛是非常频繁的，当狗主人抱过狗以后，时常会发现衣服上留有狗毛，同时，狗还可能把毛留在沙发、毛毯、床上等经常接触的位置，不好清洁。再者，据资料显示，狗普遍携带狂犬病毒，同时身上也可能携带跳蚤等寄生虫，而预防这些病毒、寄生虫的药物往往比较昂贵，所以一般的养狗家庭不会特意去宠物医院处理这些问题，这就给家庭的卫生安全留下了隐患。

（2）觉得麻烦。养狗的麻烦在于，没有经过较好训练的狗，往往十分不听话，散步时乱跑；在家时，狗可能会大声吠叫，影响邻居。同时清理狗毛、狗粪也是很麻烦的。当狗的主人要出门旅游时，要么将狗寄养在他人家中，要么携带狗一同外出，这就给狗的主人带来了极大的不便。况且养狗还需额外物品，如食盆、狗链、狗窝等，准备物品、食品也带来了许多的麻烦。

（3）时间问题。经调查，大部分养狗家庭都有宽裕的时间，如退休老人家庭。而部分喜欢养狗的学生是由于家中有父母帮助，可以腾出时间。对于大部分上班的人员来说，由于工作时间长，时常早出晚归，一般中午都不能回家，无法顾及宠物狗的生活，同时亦难以满足狗狗的散步需求，无法给予宠物狗足够的照顾，时间上的不宽裕是造成这一人群不养狗的主要原因。

2. 养狗给居民带来的影响

根据调查所得数据（见图8），受到狗影响的人数占被调查总人数的63%，是相当高的比例，由此可见居民日常生活中普遍受到了养狗带来的影响。

经统计，最让居民烦恼的是狗的排便和咬人问题。市内不仅存在不少流浪狗，还有不少宠物狗，这些狗由于没有受到良好的训练，卫生习惯普遍较差，无法做到定点排便，使得社区的走道、楼道等因为狗的排便而变得污秽不堪。同时狗的粪便会招引蚊虫，以及本身携带的细菌、病毒，也给社区的卫生安全留下了隐患。（见图9）

据资料显示，许多宠物狗在买回家之后并未接种狂犬病疫苗，而未接种的狗极易携带狂犬病毒,这种病毒会存在于狗的唾液中,一旦狗咬伤人,就会使人患上狂犬病。狂犬病是一种潜伏期长、死亡率高的传染病,一般人在被狗咬之后会接种疫苗来防治它。但此疫苗一般价格不菲,还需分五次注射,更是有效时间短,可以终身免疫的狂犬疫苗则更加昂贵。可见狗咬伤人,不仅会使受害者承受肉体的痛苦,还会带来时间、金钱上的损失。例如四(1)班的杨泽鹏的外婆和妹妹2007年1月让家里养的小狗咬伤,须按时到防疫站注射6~7次狂犬疫苗。

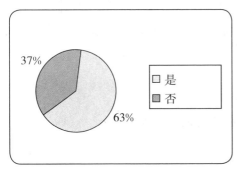

图8　居民是否受到过狗的打扰分析

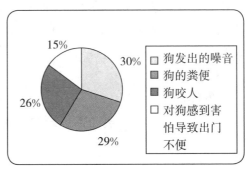

图9　养狗给居民带来的影响分析

3. 对社区内养狗的看法

对于这一问题,接受调查者的观点大致可以分为以下几点:①加强管理;②依法养狗,规范养狗;③杜绝养狗;④加强卫生,注意安全。

对于①和②的建议,我们认为是十分合理的,要改善目前居民规范养狗、合理养狗意识薄弱的现状,需要政府严格地执行养狗方面相关的条例,同时加大对养狗人士进行养狗方面的法制宣传教育力度,使他们建立起对法律、规定的足够认识,同时了解到规范养狗的必要性,同时可向养狗人士发放相关知识手册,使他们了解如何对宠物狗进行训练,及该如何对狗进行相关的卫生保障。

对于③的建议,以及相关禁养、限养政策,我们认为是过于偏激的,因为狗是人们的朋友,养狗会对居民生活造成影响,其根本原因是养狗人士规范养狗意识薄弱,而禁养并不能从根本上解决问题,同时还会损害到养狗者的利益。

结束语

鉴于以上调查分析，我们对养宠物有了更多的认识。得到的结论是：养狗固然是好的，只是目前社区内养狗人士对于养狗的许多认识还不足，还不能很好地控制自己的狗，在生活中造成许多麻烦，同时也给周围的人们带来了许多不便，人们对狗可谓是又恨又爱。其实只要好好训练狗，提高对国家养狗相关法规的重视，以及多关心尊重周围邻居感受，这样就算养狗也不会有不和谐的因素。所以，加强对狗的管理，以及对养狗条例的宣传，使养狗人士与政府密切配合，才是解决问题的关键，同时也是解决问题的最佳途径。如要饲养另类宠物时，一定要谨慎，最好是进行详细了解，弄清它的习性后再购买，并且在喂养过程中要做好防护措施。

附1：

关于居民对宠物狗态度的调查问卷

尊敬的同学：

此次调查旨在了解市民对社区内养狗问题的看法，请根据你所居住的社区的实际情况回答以下问题（有些问题还需要得到父母的帮助），谢谢你的支持！

（1）你的性别：男（　　　），女（　　　）。

（2）你的年龄：15岁以下（　　　），15至30岁（　　　），30至60岁（　　　），60岁以上（　　　）。

（3）你的家庭月收入状况：1000元以下（　　　）、1000~3000元（　　　）、3000~5000元（　　　）、5000~10000元（　　　）、10000元以上（　　　）。

（4）你现从事的职业：（　　　）。

（5）你是否养有宠物狗：是（　　　）（请回答A部分），否（　　　）（请回答B部分）。

附2：

背景资料调查情况汇总表

A部分	B部分
您养狗的原因是： 缓解疲劳（1人）舒缓压力（1人） 排解寂寞（1人）寻求心理寄托（1人） 看家（7人） 其他＿＿＿＿＿＿＿＿＿＿＿＿	您是否打算在以后养宠物狗？ 是（7人） 否（58人）
您养狗每月的花费（元）大约是： 50以下（4人），50~100人（2人） 100~150（2人），150~200（0人） 200~250（0人），250~300（0人） 300~500（1人），500~1000（0人） 1000以上（1人）	您不养狗的原因是： 时间不充裕（18人）、认为过于麻烦（26人） 经济不宽裕（3人）、担心卫生问题（46人） 会影响邻居（18人）、担心安全问题（37人）
您养宠物狗是否给邻居造成麻烦： 是（4人） 否（7人）	您是否受到过狗的打扰： 是（48人） 否（28人）
您认为养狗最大的不便是： 造成经济负担（0人）、卫生问题（7人） 影响邻居（1人）、要关心的太多，过于 麻烦（1人）	您受到的影响是：（可多选） 狗发出的噪音（44人） 狗的粪便（44人） 狗咬人（40人） 对狗感到害怕导致出门不便（23人）
您家所养的 狗的数目为：以实际调查数目为准 狗的种类：以实际调查数目为准（可只填 大或小型）	您对社区养狗问题的看法是： ＿＿＿＿＿＿＿＿＿＿＿＿＿＿＿＿＿＿＿＿ ＿＿＿＿＿＿＿＿＿＿＿＿＿＿＿＿＿＿＿＿ ＿＿＿＿＿＿＿＿＿＿＿＿＿＿＿＿＿＿＿＿
您对国家发布的养狗条例清楚吗？ 清楚（2人）、清楚一部分（5人） 不清楚（4人）	
再次感谢您的支持！	

同学们在进行宠物饲养

参加调查的同学们参加在佛山举行的
第23届广东省青少年科技创新大赛

比赛现场答辩环节

《养宠物给我们带来了什么？》获得的省市荣誉证书

遇见最美的春天

——一年级诗歌诵读活动设计

一、活动主题

春天是大地回春、万物复苏之季，让我们用最美的诗歌一起赞美春天，拥抱春天。在美丽的春天里，在字里行间师生一起品味诗歌的芬芳，感受季节的美好。走起！我们一起来"遇见最美的春天"！

二、活动细则要求

活动内容要求及得分

序号	内容要求	得分
1	作品主题鲜明突出，内容积极向上	20分
2	诵读情感真挚，表达自然，能通过表情的变化反映诗歌的内涵。声情并茂，能让观众产生共鸣	20分
3	咬字清晰、正确，诵读熟练，语调抑扬顿挫不唱读	20分
4	表现力丰富，感染力强	10分
5	精神饱满，姿态得体大方	10分
6	服装得体，优雅大方	10分
7	朗诵形式富有创意，配以适当乐曲或以其他富有创意形式朗诵	10分

三、活动小结

吟一首诗，看千年经典惹人恋；歌一阕词，让唇齿留香满心田；把种子撒心间，让经典咏流传。一年级"遇见最美的春天"诗歌诵读比赛在声情并茂的表演声中拉下了帷幕。

活动虽然告一段落，但留给我们的回味却是深长而久远的。本次活动，教导处和语文科组非常重视，提前拟订方案，做好准备，经过老师们的精心指导，学生们的认真准备，一年级"遇见最美的春天"诗歌朗诵比赛终于取得了圆满成功。各班精彩的表演可谓奇招百出，现就本次活动做如下总结。

1. 全员参与，发动面广

本次活动，以班级为单位，人人参与，起到了全面提高学生阅读兴趣和朗读水平的作用，为学校营造了浓浓的书香氛围。教导处统筹安排，语文科组认真筹划，一年级语文教师在认真研究、认真筛选的基础上，均制定了各班的诗歌朗诵内容，既有我国传统的古典诗词，也有优美的现代诗歌。《春天里的花仙子》《咏柳》《蝴蝶飞呀飞》……孩子们至真至情，吟诵歌唱，欢快舞蹈，声情并茂，表达了对春天的赞美与感恩。"云对雨，雪对风，晚照对晴空。来鸿对去燕，宿鸟对鸣虫。三尺剑，六钧弓，岭北对江东。人间清暑殿，天上广寒宫……"小书童们摇头晃脑地拍手吟唱，声韵唯美，让经典焕发新的生命力。

2. 形式多样，呈现丰富

本次活动，既有师生同台，也有亲子同台，学生与家长的互动，学生与老师之间的合作，让我们感受到了大家积极参与的热情，看到了和谐的家校关系、师生关系。在那一刻，师生关系转变成新型的伙伴关系、朋友关系，促进了师生共同进步。此外，还有的班级将奥尔夫音乐与朗诵完美融合，展示了一年级师生的精神风貌。与此同时，我们也取得了活动的预期效果，其中，一（1）班荣获"最佳风采奖"，一（2）班荣获"最佳团队奖"，一（3）班荣获"最具活力奖"，一（4）班荣获"最佳表演奖"，一（5）班荣获"最具魅力奖"，一（6）班荣获"最佳创意奖"。

一年级小朋友通过自己的勤奋与努力，用稚嫩的声音诠释了经典诗歌的美感，展示了我们南实学子追求美、展示美的情操，提升了自身的欣赏品位、审美情趣和文学艺术修养，丰厚了校园人文底蕴。本次的经典诗文诵读，引领我们发现了什么是文章之美，什么是意境之美，什么是经典之美。本次活动的目的之一，就是培养大家发现美、欣赏美、展示美、歌颂美的意识。

最美人间四月天！美好的春天里，我们借力"诵读月"，目的就是要引导学生多读书、读好书。比赛虽已结束，但经典诵读活动还应继续，因为博大精深的传统文化是中华民族的灵魂，是中华人文精神的根基，是炎黄子孙永恒的精神财富，是当代实施素质教育的宝贵资源。小学生学习任务相对较少，且处于记忆力最好的时期，学习语言能力强，通过诵读文化经典，可以传承和弘扬中华民族优秀文化，建设中华民族共有的精神家园，促进可持续性发展。经典诗文诵读活动能让我们去追溯和重温历史文化，对中华民族产生自豪之情，对中华文化产生景仰之情，这也是我们书香校园、书香班级建设的一种重要途径。

与学生一起在"诵读月"表演节目

好故事，讲你听！

"这些故事，你妈妈听过，你妈妈的妈妈也听过……"孩子们喜欢听故事，也喜欢讲故事。为了激发孩子们课外阅读的兴趣，提高孩子们的口语表达与演讲能力，我们二年级的故事会开讲啦！

一、活动组织

本次活动分为两个阶段：第一阶段初赛，各班按要求在本班内开展比赛，由各班自行组织实施。第二阶段决赛，各班经过班级选拔后，每班筛选出1名优秀选手，推荐参加年级的决赛。（在班级内部进行一轮海选，评选出班级的"故事大王"参加学校的比赛，层层筛选，每位学生都有参赛机会。）

二、活动要求

（1）故事内容健康、高雅，格调清新、明朗，充分体现积极进取、健康向上的精神风貌。

（2）故事取材要是符合小学生年龄特征和心理特点的神话故事，可以尝试有创意的表演形式。

（3）参赛选手限定在3~5分钟内脱稿独立完成，普通话标准，表达流畅、语调抑扬顿挫，表情丰富有感染力，仪态大方，服装得体，也可适当增加道具或配置背景音乐。

三、活动精彩回放

为了记录每名学生在舞台上精彩的表现，教师用照片等形式把活动剪影记录下来。

台上各班小选手的风采

参赛选手表演节目

评委点评

颁发奖状

四、活动感悟

有趣的故事会在大家热烈的掌声中结束了。

来自各班的12名选手参加了此次比赛。在讲故事中，孩子们没有刻意模仿，而是通过自己对故事的理解，通过声音表达情感，真正将故事理解并传递出去，用声音打动了人心。这次活动我们还邀请了电台著名主播唐果及艺文两位姐姐作为特邀嘉宾，参加了本次活动，并对孩子们的表现做了指导与建议。一次特别的活动，一次全身心的投入，于教师、于孩子，甚至是于家庭方面，都是一种成长、一种视野。真棒！为我们小而精的故事会喝彩！

"我用绘本教孩子看世界"教学系列

导读：

当孩子读第一遍时，会享受一个有趣的故事；

当孩子读第二遍时，会懂得一种认知的方法；

当孩子读第三遍时，会学会一些有用的知识；

当孩子读第四遍时，会完成一样动手的作品；

当孩子读第五遍时，会掌握一项思考的窍门；

当孩子读第六遍时，会了解一类生活的情趣；

当孩子读第七遍时，会体验一次好玩的游戏；

当孩子读第八遍时，会想象一幅美丽的图画。

市场街最后一站

【绘本简介】

《市场街最后一站》是一部由马特·德拉培尼亚、克里斯蒂安·鲁滨逊共同创作的绘本，讲述的是一趟平凡而又美好的巴士之旅。故事虽短，却蕴含着不同寻常的生活哲理。

在每个星期天，小杰和奶奶都要乘坐巴士到市场街的最后一站。有一天，小杰因为一些不明白的事而不高兴，向一旁的奶奶抱怨。奶奶用孩子听得懂的温馨话语，轻轻抚慰了孩子心里的不平，引领孩子看见生命中的美好，慢慢地让小杰爱上了自己的这段路程和市场街的最后一站。

【教学设计】

这个故事场景很简单：从教堂外，到巴士上，到市场街的最后一站。故事情节很普通：奶奶带着小杰走出教堂，搭乘5路巴士，在车上遇到一些人，有一些交谈，到市场街的最后一站下车，抵达目的地——爱心厨房。老师给孩子们分享这个绘本时，希望能借用奶奶的话，引导孩子从以下四个方面看待世界。

1. 正确看待物质

当小杰被雨淋湿的时候，他抱怨："雨那么大，为什么我们还要等巴士啊？"奶奶告诉他："树也会口渴的，你没看到那棵大树正在用吸管喝水吗？"

看到好朋友坐上私家车，小杰问："为什么我们家没有车？"奶奶回答："我们已经有一辆会喷火的巴士了！还有丹尼斯老先生，他总是为你表演好玩的魔术。"

奶奶的智慧在于，她不觉得物质是唯一重要的东西。躲雨的时候，你有机会感受雨水的气息；坐巴士的时候，你能接触到各种各样的人、更广阔的世界，她用自己的方式告诉小杰：孩子，世界上最珍贵的东西都是免费的；那些你忽视的，都是你已经拥有的美好。

2. 正确看待歧视和偏见

小杰在车上，遇到一位盲人先生牵着他的斑点狗上了车，小杰问："奶奶，为什么那个人看不见呢？"奶奶回答："宝贝，你知道什么是看见吗？有些人是用耳朵来看世界的。"

遇到孩子问这样的问题，我想我会觉得有一丝尴尬，回答可能只会是"叔叔的眼睛生病了"。但奶奶说"有些人是用耳朵来看世界的"。多么智慧的回答！我们用什么方式向孩子解释世界，孩子就会建立怎样的世界观。每个孩子提出的问题，我们回答的小小不同，背后都是一整套的教育观。奶奶用自己的方式告诉小杰：他们只是与我们不同，我们要尊重他们。

3. 发现美的眼睛

市场街的最后一站到了，小杰眼中破败的环境被奶奶淡然的一句话赋予了意义："小杰，有时候，当你身处尘土之中，反而更能体会什么是美好。"

生活从来不缺少美，而是缺少发现美的眼睛。小杰也开始留意那些不经意的细节：美丽的彩虹横跨在爱心厨房之上，路灯散发明亮的光，还有一只和他捉迷藏的小猫咪。

4. 快乐是付出而非索取

到这里我们终于知道，原来市场街的最后一站是爱心厨房，一个专门施舍食物给穷人的地方。奶奶每周带小杰来这里帮忙。小杰看到了熟悉的面孔，开心起来，最后一页，我们看到一个主动给奶奶递碗，微笑的孩子。那一刻，你会对这位奶奶肃然起敬，付出和爱，于他们而言不是一句空洞的口号，这就是他们的日常，是贯穿他们生命最普通的东西。

绘本中最打动人的莫过于奶奶那些看似不经意的回应，安慰着一个孩子的小小抱怨。她没有讲道理，没有批评教育，她用跳脱活泼的话语，她以身作则，指引孩子去发现平凡中蕴藏的美好。希望孩子们读完这本绘本，能用一双发现美的眼睛，以一颗坦然积极的心，去接纳生活中的种种。

来自星星的朋友

《不可思议的朋友》是一部根据真实故事改编的关于自闭症题材的绘本。讲述的是一个平凡而动人的故事。绘本的作者田岛征彦就地取材，历经三年才完成这部作品。该书在日本出版后受到广泛关注，也向社会打开了自闭症儿童的内心世界的大门。

书中两个主人公：小安和佑介。小安是一名自闭症的儿童，佑介认识他以后，从紧张、不知所措，到最后真正喜欢上小安。佑介和小安一起玩耍、一起学习，甚至有人欺负小安也为其打抱不平，并且把他称作不可思议的朋友。小安的语言表达有困难，在情绪上也常常出状况，经常给身边的人带来一些不便的影响。但是，如果我们换个角度去看待他们，一定也能发现他们的善良和可爱，发现他们在这个世界的不易和艰难。

从教许多年了，班里还真的有那么几个"不可思议"的孩子。这些与众不同的孩子让老师的教学工作变得棘手，还会对班级管理工作造成影响。身边的孩子排斥他们，科任老师不理解他们，有的孩子背后还有着迷茫而焦虑的父母。

那年教三年级时，遇见的小江是个需要妈妈陪读的孩子，但是妈妈的陪伴并没有让他少闯祸。从三楼用水壶砸老师的车；用盆栽把同学的腿砸伤缝了四针；用凳子砸向讲台的英语老师……唯独让人欣慰的是他的学习成绩还不错。刚开始他不仅不跟我交流，对我还有一份戒备的心。为了还班级一份安宁，我向教过他的3位班主任了解，暗地观察他的动向，跟孩子妈妈了解他的心理动态。渐渐地我发现，只要是下课或体育等户外活动时间，妈妈怕孩子惹麻烦，就急匆匆把他接走。但我分明看到他带着羡慕的目光看着嬉戏的同学们。霎时间，我仿佛读懂了他眼中的内容。

通过反复对比和上网查看评论，一天，我选择了《不可思议的朋友》这本绘本，决定在课堂上和全班同学分享。我和孩子们一页页地阅读，一页页地分享。

（1）他一直跑进了大海里。小安的妈妈也跟着跳进大海，用力抱住了他。

"我不明白这孩子在想什么，他将来长大了可怎么办啊？"在海水中，小安和妈妈一起大声地哭喊。

（2）小安非常喜欢钟表。

他在画信号灯、卫生间标识和数字的时候，会很开心。

有时，小安也会让自己平静下来。

"小安请安静，小安请安静。"

这样的自言自语对小安来说，是没有任何副作用的良药。

（3）"太田，今年大家都升入三年级了，从今往后你也要帮忙照顾小安哦！小安有自闭症，不太擅长说话。"听内田花子老师这么一说，我不禁有点紧张。

（4）我一边哭，一边擦着信封上的泥。

回到邮局，我被狠狠地训斥了一通，那滋味真是不好受。

我从邮局跑了出来，这时，眼泪又止不住地流了下来。

"太田佑介，没事了，太田佑介，没事了。"

不知什么时候，小安来到了我身后。

那天，我边翻PPT边读的时候，教室里一片寂静，好些孩子被故事情节感动着，眼角泛着泪花。我用余光扫视了"不可思议"的孩子，他也静静听着，一副若有所思的样子，可是，我从他上扬的嘴角中，仿佛看到了希望。

分享完毕，我让孩子们谈谈自己的感受。小阳说："我发现我们班也有一位'小安'。有一次我带了一个溜溜球在教室里玩，他走向我的时候，我闪开了。接着他就用水壶砸向我的鼻子，原来小朋友是想跟我一起玩。"小欣说："上次我们在教室里排练的时候他抱住了我，我吓哭了，原来他是想加入我们的队伍。"钟雄彬说："那天小江一下课就经过我的座位，有意把我的书推到地板上。我想他是希望下课和我一起玩划拳游戏。"借着这种气氛，我请小江说说他的阅读感受，而他只说了一个字："好！"说真的，那天的分享让人有点小激动。

阅读分享之后，我接着上了一节主题班会课"我们身边不可思议的朋友"。从此以后，我们欣喜地看到了一些变化：课堂上，同桌帮小江订正错题，还一起分享课外书；课间，走廊有不少同学会找小江玩"石头剪刀布"游戏……慢慢地，小江的情绪变得平和了，来老师这里投诉矛盾的小朋友也少了，小江在慢慢地融入这个温暖的集体。孩子在毕业后的第一个教师节，给我打了一个电话，虽然只是几句简短的话语，但是让人很欣慰，小江能主动跟他人沟通了，还告诉我他一直在学萨克斯风，妈妈帮他拍了一个视频分享到了班级群里。

衷心希望能有更多的人因为看了这绘本，就愿意多去了解一点自闭症的孩子，能让他们多一些机会。更希望更多"来自星星的孩子"能像小安一样有朋友，有生活的希望。

奶奶来了

三年级的孩子正处于性格形成与塑造阶段，现在的孩子因为得到的太多，在付出上会比较欠缺，生活中总有这样一幕：白发苍苍的老人佝偻着身体，背着孩子沉重的书包，在后面慢慢走，或唠叨孩子走得太快，或唠叨孩子穿得太少。孩子在前面活蹦乱跳，一声声地催促着，或嫌弃着老人的唠叨，这种画面都会让我非常有感触。其实老人们往往都是心甘情愿的，甚至是开心的，觉得自己还是个有用的人。老人有时候是需要这种被需要的感觉的，但孩子往往不能感悟这些，只会越来越觉得背书包是老人们应该做的，唠叨是很烦人的，如果没有人提点就容易造成教育上的缺失。《奶奶来了》这本绘本是韩国作者李惠兰的作品，韩国的一些家庭伦理理念与我们相近，这也是选择这本绘本的原因之一。

【教学主题】

绘本讲述了这样一个故事：一个女儿看见爸爸怎么样对待奶奶。奶奶与爸爸的关系一开始是不和谐的，爸爸没从奶奶那里得到应有的爱，他们各自生活，没有交集，但当奶奶生活不能自理，来投奔这个没有多少感情积累的家时，儿子儿媳很自然地接纳了她，并悉心照料，只因为她是妈妈。最终，他们用行动让姐姐接纳了奶奶，有时候做比说更有用。

【教学目标】

（1）让孩子关注到与家里老人有关的日常生活。正所谓生活即是教育。直接经验更能直观地引起孩子对自身的反思。

（2）理解爸爸的话，并体会姐姐接纳奶奶的心路历程。

【教学过程】

（1）课前布置学生收集有关家里老人的事例，课堂上分享。

（2）介绍韩国李惠兰写的绘本《奶奶来了》，译者米雅。

（3）师生共同阅读一遍，总结阅读绘本的方法。

1. 观察绘本封面，说说你观察到了什么？

学生回答：从绘本封面上，我看到了"美食面馆"这几个字；我看到了面馆门口有位老奶奶在卖菜；我看到了面馆门口有一辆摩托车；我看到了面馆门口有一个小男孩在玩玩具……

导读提示：大胆想象猜测，是阅读绘本的重要方法。（板书：大胆想象猜测）

2. 观察绘本扉页，说说你看出了什么？

学生回答：我觉得他们一家很幸福，脸上都带着笑容；姐姐笑得嘴巴都咧开了，眼睛都眯成一条线了。

导读提示：学会观察，关注细节，也是阅读绘本的方法。（板书：关注细节）

3. 读读里面的话，谈谈你想到了什么？

学生回答：姐姐一家的生活过得平平淡淡，如果他们家很富裕的话，就不会住在饭馆里了。因为姐姐说了，奶奶自己一个人住在遥远的乡下。

导读提示：联系上下文读绘本。是第三种常用的方法。（板书：联系上下文）

4. 认真阅读，提出问题，互相交流

（1）奶奶来了，干了许多奇怪的事，给这个家带来了不少麻烦……

（吃饭、睡觉，生活习惯不一样……）

（2）从三方面来体会姐姐对奶奶的情感。和奶奶吃饭为什么会是一件不开心的事？分别说说大家怎么做？（呕吐，要清理；姐姐帮奶奶清理；爸爸给奶奶夹鱼肉吃。）

奶奶生活上麻烦事不断，你看到爸爸是怎么做的？（清理倾倒的尿壶，清洗奶奶的脏裤子，清理弄脏的地板。）

爸爸为什么默默地帮奶奶做这些事？（因为奶奶是爸爸的妈妈，所以尽管姐姐很嫌弃奶奶，可以爸爸仍然默默地为奶奶清洗裤子。这真是一位孝顺父母的好儿子啊！）

奶奶还会做哪些奇怪的事？（叫妈妈不要用洗衣机洗衣服；奶奶竟然跑到学校去接姐姐放学，爸爸妈妈不得不放下手边的活，去把奶奶接回家。）

爸爸是怎么回答姐姐的？（"爸爸小时候，也像奶奶一样乱捡地板上的东西，但是奶奶依然不厌其烦地帮爸爸擦手。""爸爸小时候，也像奶奶一样乱拉裤子，但是奶奶依然不厌其烦地帮爸爸清洗裤子。""爸爸小时候，也像奶奶一样，吃饭的时候弄得满桌都是，但是奶奶依然不厌其烦地给爸爸喂饭。"……）

教师引导：听了爸爸的话，姐姐回想起这段时间奶奶在家里做过的种种事情。看着奶奶，我们仿佛看到了爸爸小的时候。同学们，老师调查过，你们当中有许多人是有弟弟妹妹的，你们的弟弟妹妹都还小，他们是否也会像奶奶一样做些麻烦事呢？（学生谈谈自己的生活体会）

学生：有一次，我弟弟拉大便，虽然他包着尿包，但却弄得整个背上都是。

学生：我妹妹整天在房间乱翻东西，我想写作业了却找不到一支笔……

教师：是的，其实，我们老了，我们的身体器官就会衰老，包括我们的脑袋，也会衰老退化。也许我们的记忆力会大不如从前，所以我们会分不清橱柜和衣柜，乱放东西。也许我们不能很好地控制我们的身体，所以有时候会拉裤子。这个时候的奶奶，也是一个孩子，是一个宝宝，只不过她的身体变大了，但是心智还是一个孩子。就像姐姐小的时候一样，需要爸爸妈妈的悉心照顾，这时候的奶奶也需要爸爸妈妈的关心照顾。你们猜姐姐以后会如何对待奶奶？

学生：我想姐姐不会再嫌弃奶奶了。

学生：我想如果奶奶再吐饭，姐姐应该会帮奶奶清理。

……

教师：同学们，绘本的结尾是这样的。姐姐将奶奶的照片放在餐馆里，和他们家的合影照放在一起。每当有人问起的时候，姐姐是这样介绍的，请大家一起读一读。

生读。

教师：这和姐姐一开始介绍他们一家有什么不一样吗？

学生：一开始的时候，姐姐说他们一家四口人，但是现在却说他们一家五口人。

教师：从四口人变成五口人，你读出了什么？

学生：我觉得姐姐开始接受奶奶了。

教师：用接纳会更合适。（板书：接纳）

【教学拓展】

（1）教师总结：同学们，一本书读完了，我们合上书，一个故事却走进了我们的心。奶奶的到来，让原本日子过得紧张的一家，日子过得更加艰难。但是，我们却看不到爸爸妈妈脸上有一丝的抱怨嫌弃，有的只是儿子儿媳的关切神情，一种发自内心、理当接受的神情。而姐姐，虽然很不喜欢奶奶，但当姐姐得知奶奶睡在马路边的时候，从她的奔跑、喊叫，我们感受到她还是很关心奶奶的，对于这个家的事，她并没有置身事外。读到这里，我们从这一家人身上学到的是爱与包容。

（2）同学们平时又是如何与自己的奶奶相处的呢？请细细回忆，把你想对家里老人说的心里话写下来吧。

【教学反思】

1. 教学活动的设计立足于学生的生活实际

课前，教师通过了解学生的思想价值取向，准确把握教学的起点。同时认真地分析学生的学习准备、思维特征和迁移能力，在教学设计中重视课堂的预设和生成。采用谈话式导入，没有绕圈子，直接带入到绘本中。这是因为绘本不同于平常课本，对故事的呈现方式和顺序大有不同，所以导入的内容从学生的生活中来——配图，说说自己的奶奶，这能瞬间拉近学生和文本的距离，利于后面阅读文本、学习文本。

2. 教学活动的设计遵循了语文的生活性

在初步感知部分，引导学生运用观察细节、图文结合、联系上下文等方法去阅读绘本。问题的设置比较关键，学生目的明确，不会像无头苍蝇一样乱飞。教师把语文和生活的距离缩短，鼓励学生结合生活经验大胆猜测"奶奶来了，会做些什么奇怪的事或者麻烦的事"，说一说。让学生"生活在语文中"。"猜猜姐姐会怎样做？"这样的问题设置引导学生换位思考，代入角色。教学方法重在引导，引领学生走进绘本，让学生获得绘本阅读的方法。

3. 直观教学的运用激发了学生的阅读兴趣

教师准备的精美课件吸引了学生的注意，放大了教学空间，直观形象的图片带给学生更多的视觉体验，从而加深了学生的阅读印象，配合背景音乐，丰富了学生的情感体验。

4. 科学方法的相机指导带来阅读时效

绘本真好！内容设计很巧妙，值得我们把它请到课堂上来，跟孩子们一起探讨学习。课堂中教师调配整合绘本中的信息，将图片与情节按照学生便于接受的顺序呈现出来，让学生更能系统地了解奶奶来了后家里的各种变化。巧妙地帮助学生理解人物心路历程，这是本次绘本教学的难点。

总的来说，《奶奶来了》教学活动设计结合了学生的学习特点，以引导观察想象为主，结合学生的生活经验，同时教给阅读方法，落实了语文的"三维"学习目标。

现在的青少年儿童，可以说是索取的一代，完全没有机会为他人付出。而

《奶奶来了》这个绘本，闪烁着人性的爱的光辉，我们真的应该用它来摇动一下00后孩子们那颗近乎冷漠、自私的心。感恩《奶奶来了》绘本带给孩子们的一次心之撼动。

感冒需要什么

冬天来了，班里好些孩子感冒了。那就为他们准备一本美国作家芭芭拉·博特纳写的《感冒需要什么》吧。让温暖陪伴孩子走过严冬。相信看完这本书，孩子可能会喜欢上感冒的！

《感冒需要什么》讲述的是一个小女孩感冒了，她顶着红鼻头，流着鼻涕，在生病的过程中学到了重要的一课。感冒需要时间，需要爱，需要感冒所需要的……这是一本抚慰孩子心灵的图画书。舒缓的节奏，温馨的画面，清新幽默的笔触，让全书散发出安静、舒适的气息，特别适合家长陪孩子一起静静地、慢慢地阅读……

一、说一说

师：这段时间正是换季时节，特别容易感冒，如果感冒了，你会有些什么感受？

生：很难受，打喷嚏，会发烧，要吃很难吃的中药……

师：如果感冒了，我们需要什么呢？

生：需要看医生；需要打针吃药；需要在家好好休息，不能上学；需要喝粥，吃清淡的食物……

师：感冒让人难受，但是一次感冒，或许也很有意义，它会带给我们一些保护身体健康的知识，它还会给我们的生活增添一些难忘的印象。今天就让我们走进美国作家芭芭拉·博特纳著、克里斯·谢班绘图的《感冒需要什么》的故事中去，看看这个故事带给我们怎样的感受。

二、读一读

课件展示，老师朗读：

献给米兰达和布兰顿，我最可爱的鼻涕虫。

——芭芭拉·博特纳

感冒需要什么……

窗边一张舒适的床。它喜欢聆听鸟儿的歌唱，喜欢聆听雨水的滴答，凝望清澈怡人的蓝天。

师：请小朋友大胆想象，感冒还需要什么？

生：她可能需要爸爸妈妈赶紧带她去医院。

师：是啊！生病了可不能闹着玩啊！

（学生接着朗读）

感冒需要暖和的袜子，妈妈温柔的手，奶奶的招牌鸡汤，爷爷温柔的亲吻，还有爸爸傻里傻气的笑话。

感冒需要柔软的纸巾擤鼻涕，有时还需要一点点药。感冒喜欢音乐，和一个又长又酣的午觉。

感冒需要有人说："好可怜。"还需要有人说："你很快就会好起来。"感冒需要听到平时烦人的姐姐和弟弟也关心地问："她今天怎么样？"

（教师继续朗读）

感冒需要一本画着远方美景的好书，或者一场安静的游戏，一个谜语，一台小小的电视机。当然，如果你足够幸运，爷爷会轻轻地弹起他的吉他。有时，感冒需要一个人静静待着。

感冒需要爱，和一点儿时间，直到最终，它来和你说再见。然后，只要它离开，你就又可以到处玩耍，惹一点儿小麻烦，做任何你喜欢做的事，脸上重新挂起大家一直期待的那傻傻的笑。

感冒需要……感冒所需要的。

师：故事很短小，尽管情节很简单，但从中同学们看到了什么，大家说说吧。

生：我觉得感冒挺好玩，家里人都关心我。

生：我觉得感冒，可以任意睡午觉，想睡多久睡多久，睡到自然醒。

生：感冒了，可以玩玩游戏，因为要放松心情，病才好得快。

师：大家这么一说，你感觉这个小女孩生活在一个怎样的家庭？

生：她生活在一个很温馨的家庭里。

三、看一看

师：从哪些地方你看出这是个充满友爱的温馨家庭？谁能用有关的句子具体说说吗？或者说说你从绘本中哪一幅图画上看到了这些细节？

（学生自由发言）

师：在刚才的分享中，同学们读得特别认真，观察得也特别仔细。从你们的回答中，的确感受到了小女孩生病了，一家人都很关心她、照顾她，这些细节让读者们特别感动。

师：大家回忆一下，你感冒了是怎样的情况？能说说家里人哪些细节让你感到温暖？

（学生自由发言，再读文段句子，读出小女孩的幸福感觉。）

四、想一想

师：老师从大家的朗读中，读出感冒有时也会让人觉得幸福，这就是我们常说的平淡生活中的快乐。《感冒需要什么》这个绘本故事，因为表达简单，我们很容易地读懂了它、记住了它。可走进画面中看看、品品，却获得了跟我们生活息息相关的丰富的感动。大家思考：这本书它为什么取这么一个名字？感冒到底需要什么呢？

生：需要家人的照顾。

生：需要安静地休息。

生：需要家人的关心，需要家人的爱。

生：需要大家一起来陪伴。

师：绘本的最后一幅图同学们看懂了什么？

生：爸爸感冒发烧了，小女孩学着照顾爸爸，她在帮爸爸量体温。

生：她想起了她感冒的时候，爸爸是怎样照顾她的，所以她学着照顾生病的爸爸。

师：同学们说得多好啊！每个人都需要被爱，也需要学会爱身边的人，满满的爱是温暖的，是可以无限地传递下去的。一次小小的感冒，就是一次珍贵的生活经历，感冒这件小事它教会我们的有很多很多……

师总结：原来，这么一个简简单单的故事、这样简简单单的语言，真正打动人心的，不是华丽的辞藻，而是内心深处最动情的表达。它简单得如同一束阳光，投射到我们的心里，然而，正是这简单的一束光中，让我们感受到了生活"赤橙黄绿青蓝紫"的丰富味道。这正是"简单的表达，孕育丰富的感动，丰富的感动，恰恰需要简单的表达。"

五、写一写

师：你看，无论从作者的角度，还是从画家的角度，这堂课我们都很好地体会到了简单的表达源于生活中的感动，丰富的感动同样可以简单地表达。那么，读完这个小故事，我们该回到哪里？

生：回到我们自己的生活。

师：是啊！让我们用手中的笔、用自己的语言来表达自己的阅读感受。谁能来读读这本书的阅读感言？

（课件播放，阅读感言和阅读感受大纲。）

师：我们今天读了这本书，让我们也用这样简单的语言，写下这本书给自己带来的丰富的感动，相信你的用心写作，也一定会带给我们丰富的感动。

（学生写下感言，由朗读升华到用笔描写，这是本课的情感升华。全班互评同学习作。）

师：同学们简单的表达，带给我们的竟然是这么丰富的感动。好书，就是让我们回味无穷的。最后，让我们带着各自的感受，再一起来完整地朗读这本书。

（课件播放，让学生整体回味这本书部分插图和提升的语言，学生在音乐声中静静阅读品味。）

【板书设计】

感冒需要什么

感冒了

感冒所需要的

……（简单的表达　丰富的感动）

【教学反思】

摘录戏剧学博士、上海师范大学副教授同时也是一个7岁女孩的妈妈——周胜南老师细细讲述感冒这件小事教会我们的有很多很多……

小时候，感冒似乎并没有令人十分痛苦。至少，爸爸或妈妈会请假在家陪着我。小时候，感冒会让人稍微觉得心安。因为在我不小心打翻热汤的时候，妈妈不会责怪我。小时候，感冒还能给人带来小甜蜜。当我喝下苦苦的药，嘴里马上会被塞进一颗剥好的大白兔奶糖。

小时候，感冒甚至会让人心存侥幸，因为偶尔的调皮可能会得到轻易的原谅。大人们会说，算了算了，原谅她吧，谁让她在感冒呢？看看这小可怜样，谁忍心责怪她呢？

后来，我长大了，我成了妈妈。

女儿感冒的时候，最害怕打针，哇哇大哭后，常会得到一个彩色气球；女儿感冒的时候，总是拖着鼻涕，就想和妈妈抱抱；女儿感冒的时候，会用一口药换一个故事，和她的爸爸进行一场谈判；女儿感冒的时候，偶尔不做作业、偶尔的捣蛋都没关系。我总是会说，算了算了，原谅她吧，谁让她在感冒呢？

说着这句话，我真的变成了妈妈。我的语气，就像我的妈妈很多年前那样。这是图画书《感冒需要什么》让我回忆起的往事——人生就是由这样一个又一个似曾相识的情境串联起来的，循环往复。那些情境中发生过的画面、感受过的细节和温度，让我们体味到生命的意义和爱的传承。

课堂上，引领孩子看故事里的主角是一个头发乱蓬蓬的小女孩。她穿着睡衣，抱着纸巾，拿着睡毯，流着鼻涕，顶着红鼻子。她感冒了。

"感冒的时候应该做些什么？"这句话是全文的情感线索，的确引发了一个问题：感冒需要什么？如果我们感冒了，会希望别人为自己做些什么呢？

很多时候，我们老师在引导孩子阅读一个绘本故事的时候，会感同身受，觉得这是在写自己家里的故事，是在分享自己小时候的事情。

需要听一听鸟的歌唱和雨的旋律——敏感的身体能够因此感受到安静的力量。而这种感觉是一种朴素而真挚的力量，它可以直抵每个人生命的灵府，在我们获得提醒、点拨和敞亮之间，某种内在的，确实是由我们生命自身萌发的精神需要被唤醒了。尤其是对一个孩子来说，真善美就是她生命本身最重要的元素，甚至可以说，每一个绘本故事，他都是生命教育的内容。一节好的绘本课不是被记住了，知识也不是老师教过了就能熟知的，而是孩子们在童年生活的美好与课堂的精彩中，以体验和发现的方式，获得了在生命成长与生命记忆中具有无限意义的童年。

感冒了需要什么？

需要暖和的袜子、热腾腾的鸡汤和家人的拥抱——温暖的身心因此不再疲累。

需要柔软的纸巾和绵软的床——放松和休息是治疗疾病最好的良药。

需要家人的关心和照料——生病的时候能够最深切地感受到爱与被爱。

需要故事、音乐和游戏的陪伴——慢慢流逝的时间会赶走病毒的苦痛。

《感冒需要什么》这本书的色调，就像是和煦的暖阳，照亮了小女孩在感冒时所做的每一件小事。你看，感受到大自然的时候，女孩在微笑；被爷爷亲吻的时候，女孩在微笑；读到一本好书的时候，女孩在微笑。从感冒爆发到逐渐痊愈，哪怕发着高烧需要吃药，女孩的嘴角始终在上扬，笑出好看的弧度。虽然生病身体不舒服，但是小女孩正在享受着浓浓的家庭关爱。

看起来，感冒并不算单纯的坏事呢，至少小女孩感受到了她所需要的爱、时间和安静的力量，这些力量带来的是生命的丰富体验、成长和感动。绘本中这个小女孩感冒的经历，就像是戏剧的构成：既有精彩故事构成，也有跌宕起伏的冲突，当中还有细微轻缓的情感流淌。或者读者们还可以这样想象：在某种程度上，感冒就是人生长河中一段必然的经历、一种情感的载体。感冒时需要做的事，桩桩件件，都像一场场郑重其事的仪式，勾勒出人和人之间的情感，以及成长过程中让人无法忘怀的温暖——它们都将影响着小女孩变成一个与众不同的大人。

那么，属于我们人生的温暖片段在哪里呢？爸爸妈妈不妨和孩子一起回想一下，生活中还有哪些经历，能够在孩子的成长过程中传递爱的仪式感呢？

吃饭时需要做什么？

上学时需要做什么？

道晚安前需要做什么？

掉牙的时候需要做什么？

这些温馨的习惯都会变成童年的点缀，教会孩子去爱、去感受。就像书里的小女孩最后抱住了感冒的爸爸，也许有一天，我们的孩子也会因为这样的体验，而拥有一颗充实而丰盈的心。

和孩子们一起阅读着这本书，同时也被这本书感动着！

综合性学习系列

生活中的科学

——认识《维生素C的秘密》

一、提出问题

在我们的日常生活中，人们的生活水平提高了，健康便被摆在了第一位，孩子每天的饮食健康是家长们最关注的最操心的事。妈妈们总是想方设法为孩子补充身体生长所需要的营养，尤其是水果、牛奶，好些家长每天换着花样地给孩子准备各类新鲜应季的水果。道理很简单，首先是水果含有较多的维生素C，同时味泽鲜美、品种多样、色彩纷异，因此，受到家长们的喜爱。

让我们思考这个问题：常见水果中什么水果维生素C含量最高呢？每天吃多少才是正确的食用量呢？为此，教师带着六（3）班的三位学生组成实践小组来完成这样一项调查活动：研究水果中的维生素C含量。

二、调查过程

本次实践活动分两个阶段。

第一阶段：完成调查问卷

调查问卷阶段是实践活动的前提，这一环节对研究活动很重要。教师在给孩子们进行详细、具体的讲解后，指导孩子们设计出一份科学而合理的《调查问卷》。随后，组织孩子们现场完成问卷的调查。这一环节很有意思，孩子们要用心地寻找调查对象，鼓起勇气向陌生人发放《问卷调查表》，争取别人配合完成填写。观察三个孩子，他们都有一点紧张。当我问道："谁想当第一位吃螃蟹的人，做个示范？"三个孩子互相看了一眼，眼神中出现了犹豫。对于生活在优渥的家庭条件下的孩子来说，拉下脸跟陌生聊天，确实需要勇气跨出这一步。"我！"小曾同学害羞地举起了手。这句话给另外的两名同学做了榜样。出发！小曾的第一个目标是一名水果店的店员，她有礼貌地向店员问好："姐姐，您好！我们在做一个论文，想请您完成一份《调查问卷》可以吗？""好，没问题！"三人相视一笑，第一份调查问卷成功了！也给其他同学增添了莫大的信心，虽然在之后的问卷调查中出现了各种拒绝，但是他们没有气馁，依然向下一家迈进。一次对外的问卷，似乎打开了孩子探寻的世界。

第二阶段：动手实验过程

研究的核心点是做实验。对于做实验三个字，孩子们的反应是很兴奋的，实验室、试管、滴管、各种试剂，这些于他们都是从未接触过的，这更让孩子们觉得这是一件既神秘又忐忑的事情。兴趣是最好的老师，听到要进实验室做实验，大家都期待着。要想培养学生良好的实验探究的习惯，那得在实验前先提要求：要学会认真观察；仔细遵守操作流程；实验过程要详细记录，学会分析数据；实验还要做到团队合作，一切行动听指挥。

实验活动非常顺利、圆满，教师带着孩子们认真地观察实验结果，准确观察到了水果里维生素C的不同样态，向孩子们揭示了自然现象及其规律，记录了令人信服的实验数据。在实验教学的过程，孩子们学会了怎样观察教师的演示实验，学会了自己动手操作。通过本次的亲身经历实验过程，维生素C相关知识变得具体化了，学生懂得了事物会不断发生变化，学会了如何观察变化中的事物，这在学习和生活中都非常重要。

实验中，孩子们都喜欢动手做，但在好奇心驱使下有时候是盲目乱动，一动手就忘了要求，做了这一步不知下一步该做什么，做了又忘了记录；或颠倒操作过程，少做漏做，导致实验失败，这就需要明确操作过程，并严格按照执行。为保护学生的创作思维，提高其实验能力，在设计流程时，教师需要根据实验操作的难易程度运用更直观的办法，明确操作过程，这是本次实验操作的难点。实操过程中，的确遇到了很多问题，如小然同学刚开始使用洗耳球与吸管时，左右手配合不好，吸取的溶液过多或过少，但是经过多次试验和自己的摸索，最后找到了感觉，接下来的实验就更加顺利了。

本次的活动开展符合体验式活动三要素：人、场、技术。再次体会到这样的认知规律："告诉我，我会忘记；做给我看，我会记住；让我参加，我就会完全理解。"

带领学生做实验

小周同学：

调查问卷所悟

调查问卷可真是一件力气活。我领好调查问卷，便奔向操场，放学了，那聚集的人多，有老师、家长和同学们。

目标锁定！看见几个正在嬉戏的小同学。"同学，你好！想请你们协助完成几份《调查问卷》，可以吗？"谁料到，这几个同学竟然头也不回地开溜了，我吃了一次"闭门羹"。也许，同学们急着回家才不理我，我应该找有空的家长才行。

刚才的失败并没有打败我，看见了一位阿姨，我赶紧深呼吸一次，然后笑着迎上去说明了情况。这位阿姨笑着说："小朋友，我还要接小妹妹，现在没空哦。"说完摆摆手，向校门走去。

两次打击，我有些气馁了。哎呀，出师不利啊！我找了地方坐下来，望着手中的一叠问卷，一张都没填上，这可怎么办呢？迷茫中的我抬头望望天空，夕阳西下，远处的天边朝霞满天。咦，远处有一位老师在值日，"这位老师给我们班上过课，肯定不会拒绝我的。"我"噌"一下站起来，向这位老师走去。来到老师跟前，鞠个躬，有礼貌地说："谢老师好！我们在做一个科技论文的调查报告，您能帮我填一下吗？"说完这句话的时候，我心里非常紧张，非常忐忑，生怕又被拒绝。"好，怎么填？"谢老师细心地回答。太好啦，终于成功啦！心情是多么雀跃啊！奇怪，接下来就很顺利地完成了好几份调查问卷，天色已晚，明天继续！

经过几天的不懈努力，终于完成了所有问卷。老师表扬我任务完成得好！老师您知道吗？"知难而上，胜利总会来到。"才是我学到的真知识啊！

小曾同学：

实验前期水果挑选及榨果汁所悟

科学中有着无穷乐趣，科学实验让我们受益无穷。这次的测量水果中维生素C含量的实验活动更让我爱上了科学。

老师带着我们三个去惠州学院实验室做实验，测量水果中维生素C的含量。我分配到的任务是：挑选实验中需要的水果。这些水果都是我们日常生活常见的，如橙子、梨、葡萄等。

挑选完水果，我们就回实验室称量水果。称量水果是实验中非常重要的环节，必须一丝不苟，不允许有一点儿马虎，多一克少一克都不行。我全神贯注地做着这件事，不敢有任何差错。在称量水果中，我学会了如何正确地使用电子天平，哈哈，又学到了新知识。

营养科学让我了解了关于水果的知识，动手实验让我探寻了水果中的奥秘——水果中蕴含了丰富的维生素C，多吃水果能补充人体需要的维生素，这次的科学实验真有意思，让我大开眼界，学到了课本上没有的知识。

小顾同学：

实验过程所悟

水果中含维生素C实验开始了。老师先让我们各自清洗好工具，在试管中放入碘酒，还告诉我们："往果汁中滴加碘酒，并不停震荡试管，直到果汁变色为止，并记录所用碘酒的量。但是在此之前，你们要学会滴碘酒。"我想，这么简单，只是滴下去罢了。还需要学吗？看着两个同学，他们也是一脸自信。"你们滴加碘酒时，发现溶液开始变色就停止滴加，不能继续滴，停止得越快也就越准确。"我们点了点头。

第一步，老师先让我们用水当作果汁，我跃跃欲试，首先老师让我们夹好滴管，并告诉我们扭一下齿轮就可以让碘酒滴下来。我说："知道了。"第一次尝试，我一下没把握住，滴了四分之一。第二次，没有摇晃锥形瓶，不合格……直到好久之后，几乎一管都快给滴完了，还是没有把握好。这时已经有一位同学完成了。我心里有些焦虑了。同学耐心地教我："你不能这样一次滴那么多，要一滴一滴地加。"在那位同学的帮助下，我一次又一次地练习，最后终于能掌握滴管滴加方法了。

第二步，老师要求我们把25毫升的水果汁加入锥形瓶中，实验开始了。

我负责做的是柠檬、猕猴桃和梨这三种水果。我先把梨切下一半，放到电子秤中，显示出43.29克，于是又切了一小块，已经非常接近50克了。再把称好重的梨用榨汁机榨成梨汁。由于还有一些水果渣，需要使用滤纸和漏斗，把水果渣倒入漏斗中，挤出水果汁，因为漏斗有一个颈，这个颈的直径比容量瓶的口小，所以要直接把水果汁过滤到容量瓶中，将容量瓶上下震荡，再做下一步。

下一步是比较难的环节，由于必须要精确到50毫升的果汁，老师递给我们一根吸管，上面有一个小口，事先挤扁洗耳球，之后放入小口中，洗耳球慢慢膨胀，这时会有果汁进入吸管中，只要果汁到刻度线就立刻把管中的果汁放入锥形瓶中，然后才进行下一步步骤。

马上要进行吸取果汁环节了，好期待。大家把所有材料都准备好了，小心地按照老师的要求进行。我一松开洗耳球，果汁上升了，咦，果汁还没到50毫升的刻度线就停住了，我赶紧问该怎么办。老师说："你把洗耳球拿出来，再一捏，放入吸管中不就可以了吗？"于是，我把洗耳球拿出来，在拿出的那一刻，果汁又开始下降，我快速地把洗耳球插入吸管里，就如老师说的那样，果汁又开始上升了。但这一次又比50毫升多了，眼看果汁就到顶溢出来了，我急忙拔出洗耳球，这时果汁又开始降了，快到50毫升刻度线了，立即用手塞住吸管口，刚刚好50毫升。再把果汁滴入锥形瓶中，进行最后一步——测定水果中的维生素C含量。

我把果汁准备好后，便开始用碘酒进行滴定。因为碘酒与维生素C会发生反应，所以我们要根据这一特点来测量维生素C的含量。我左手拿锥形瓶，右手握着滴管齿轮，我测量梨维生素C含量的时候用的碘酒为5.3毫升，之后用同样的步骤测量柠檬维生素C含量用了碘酒8.6毫升，而测量猕猴桃维生素C含量时用碘酒是最多的，居然达11毫升……这是一次多么神奇的科学见证啊！

摘菜，煮菜

——校园菜地让孩子们成了"城市小农夫"

绿油油的生菜、挂满枝头的黄瓜、长势喜人的萝卜苗……谁能想象，这番悠然的田园景象如今竟出现在书声琅琅的校园里。看吧，12月，在冬日阳光的照耀下，孩子们跟着老师还在小菜地里忙乎着呢！

"老师，这是什么籽？""这个是萝卜籽，它可以变成萝卜苗。看！菜园里这片萝卜苗就是从籽长成现在这样的。"菜园子里，20多个"城市小农夫"正在给菜园子里的蔬菜浇水、施肥。劳作完，孩子们又忙着采摘蔬菜。一会儿时间，孩子们就抱着一捆捆刚采摘的青菜，送到厨房里，今天中午就来一盆清炒菜心吧！

自从校园菜园建成以来，菜园就成了孩子们课余时间流连忘返的幸福乐园。在这里，老师带着他们学会如何种植，观察果树、蔬菜，从书本中走出，再回到课堂。不同年级，开展不同的小农夫课程，低年级以感知为主，学习一些简单的播种知识，参加拔萝卜、观察蔬菜成长的体验；高年级学习写生、作文、土壤的pH值的测试等。就是在这片菜地里，师生一起感受到了"城市小农夫"的乐趣。

师生共同培养蔬菜

一、来自学生的话

小吴同学：

我们学校有个菜园子，我每天中午吃完饭，都会跟同学去那探望那些小菜

苗，一天不去看看，总是不放心。它们生活得好不好？会不会忘了浇水？植物缺水，那可是会干枯的，我可不希望发生这样的事啊！

园子里有一盆火龙果，它就摆在角落里，我是帮忙浇水的时候发现的，老师说，它不用浇太多水，会烂根，所以基本不用理会。听老师这么一说，我不敢随便浇水了，也明白了植物也有自己的喜好，一种植物有一种植物的性格哦，我们可要尊重它们。虽然火龙果长得并不好看，但它很独立也很厉害，因为它不像其他植物一样需要精心照顾，它总是把自己照顾得好好的，每次来看望它，它总是傲然挺立，这段时间虽然天气寒冷，北风呼呼吹着，可它还长高了不少。这也就是每次来到菜园子里，我总要来到它面前，静静地看上一会儿的主要原因哦！心爱的火龙果，请你陪伴我，快快长！快快长吧！

小任同学：

种个黄瓜真不容易啊！

这段时间，老师带着同学们一起栽种黄瓜苗。种黄瓜，每天要忙的事可多了。浇水，施肥，因为靠近金山湖，所以时常会有好些飞虫光顾，我捉了不少叫不出名字的虫子，这些虫子可贼了，就藏在叶子背面，你不仔细查看，还真找不到这些狡猾的坏家伙。

时间一天天过去了！哎呀呀，我的小黄瓜终于露出一点点小尾巴啦！又过了两三天，我来看它时，竟然长大有一厘米长了！我乐得哈哈直笑，我盯着它看呀看，嘴里不自觉地就背起了课文里的句子："我的小黄瓜，快长啊，快长啊！长得赛过大南瓜才好呢！"那天光顾着欣赏黄瓜，一高兴就把浇水这事给忘记了，还好我第二天及时补救，要不然我的黄瓜就枯萎了。从那以后，我可长记性了，再也不敢大意了，否则，后果会十分严重啊！将会把小生命给扼杀了。种个黄瓜真不容易啊！但真的很有意思！

小张同学：

草莓是一种既可以观赏又可以食用的水果，十分适合种植

学校菜园子里就有我们种的草莓。种草莓需要营养土，我们在网上购买了营养

土，同时还配上一些自制的肥料——把鸡蛋壳和花生壳用搅拌器打成粉末混在土里。因为草莓是喜欢磷肥的，所以还可以把鱼刺和鸡骨头晒干用搅拌器打成粉末，将这些粉末混进营养土里。在盆底铺上一层落叶，这些叶子会被土壤分解成肥料。

在老师的指导下，我们学着自己育苗。先把草莓的种子泡在一个盘子里，首先铺上纸巾，把草莓种子放在纸巾上，盖上一层纸巾，加上水，放置在冰箱的保鲜部分里冻三四天进行催芽，然后取出，放在育苗盘里，加上育苗基质进行育苗，天气暖和的时候十天左右便会出芽。草莓苗长出后，需要帮苗修剪枝叶和多余的根，然后用生根粉兑水泡一会儿，就可以移植到花盆里，移栽时要做到深不埋芯，浅不露根。再浇上生根水，把草莓苗放在阴凉处进行缓苗。缓苗过后草莓就会开始长叶子，然后开花结果，开花时如果没有蜜蜂就拿棉签互相点花粉，帮助授粉。草莓可以利用葡匐茎长出新的草莓苗，但是在草莓开花结果时，老师会让我们把葡匐茎剪掉，因为它会吸收大量的养分。草莓也吸引叶面肥，可以适当地用牛奶和醋兑水喷在叶子上。这样草莓苗会长得更加健壮。

学生悉心照料蔬菜

哈哈，相信在我们的悉心照料下，大家很快就能吃上南实菜园里酸甜的草莓啦！

二、来自家长的话

小祖妈妈：

小菜园亲子活动，就像一把钥匙，开启了孩子们探索自然的大门，家长们也跟着孩子一起关注自然，热爱自然，回归自然。和我们大人相比，这一代的孩子生活在钢铁森林里，每天都是小区、学校、课外培训机构三点一线，即使周末休闲娱乐，也多是去电影院、游乐场、超市、商场、餐厅。这些或冰冷或热烈的场所，完全没有生命的气息，孩子的童年少了一份触碰心灵的柔软。然而，南实的小小菜园，却打破了这样的圈子。孩子经常跟着科学老师来菜园看望菜宝宝，帮忙浇水、除草的同时，也看到了生命的历程：从种子入土，到抽出嫩芽，再长出花叶，最后结出果实，既神奇得让孩子们感叹不已，又神圣到令孩子们肃然起敬。这样的活动，让孩子变得感性，懂得感动，学会感恩。

小郑妈妈：

今天是南实收获节，下午予儿兴冲冲地来到学校，一直在猜测会有什么样的活动呢？

终于等到活动开始，大家来到二楼平台上的小菜园。真是太美了，烂漫的油菜花，水灵灵的小黄瓜，一嘟噜一嘟噜的小番茄，整个小菜园像个生机勃勃的小花园，瓜果满架，还真是秋日胜春朝呢！

学生与家长共同采摘

同学们三人一组，在工作人员的指导下自己动手烹制美食。孩子们又兴奋又紧张，菜没下锅却把脸认真地凑近锅边，可急坏了旁边的家长。虽然有些手忙脚乱、有些着急忙慌，但是还都炒出了一盘盘佳肴给大家共享，真是要为孩子们点个大大的赞！

予儿站在炉边一开始虽说也有点不知所措，但拿起锅铲还是有点像模像样的，这还得归功于老师平时布置的德育作业里有炒菜这一项，所以今天还算没露怯。虽说小手指被锅边烫了一下，但可乐鸡翅总算出锅啦！孩子们对可乐鸡翅可算是真爱了，鸡翅刚出锅，一瞬间就被迅速出击的筷子军团秒杀了，早在锅边守候的"鬼精灵"都差点没秒到。鸡翅虽然有点焦了，但都光盘啦！小厨师自己却没尝到，有点小伤心呢！

南实的收获节，既让孩子们感受到耕耘后收获的喜悦，又体验了一把小厨师的快乐，真是太赞了。

小吕妈妈：

学校的菜圃不大，小小的暖房里，一排排的青菜瓜果，熙熙攘攘，满怀喜悦地和我们打着招呼。据老师们介绍，这些都是高年级的孩子们利用课余时间细心照看的，现在到了收获的季节，请大家一起来采摘品尝。

看到在家十指不沾阳春水的孩子，第一次拿起了锅铲，慎重地系上小围裙，十分认真且小心地在志愿者们的指导下做出了一份并不完美但却充满爱的菜品，一向能言善语的我词穷了，只余满心的欢喜。毫不夸地说，这是我至今吃过的最有意义的菜，因为，它融合了学校的用心和孩子的努力。我们喜欢这样的活动，让孩子动手体验劳动，理解它的意义，学会负责，学会担当；亲自体会生活，感知它的不易，从而学会感恩，学会珍惜，学会知足。再望向小菜圃，我觉得它不止播种了蔬菜，更有勃勃的生机和希望！

孩子家长共同做菜

小吴妈妈：

非常荣幸能参加学校举办的亲子摘菜活动。从没进过菜园的吴悠然小朋友亲手摘了青瓜，认识了萝卜苗，还和小伙伴一起合作炒了青椒豆腐。活动中孩子收获了满满的成就感，还说期待参加下次的摘菜活动。作为家长，第一次尝到孩子亲手炒的菜，内心是感动的。看着孩子在南实开心快乐地学习，一天天健康成长，很庆幸自己当初的选择。期待下一次的活动。谢谢！

"春苗菜园收获季"，
小厨师大显身手分享丰收喜悦

"小朋友，让我尝尝你做的菜好不好？"12月23日下午，惠州市南坛小学实验学校热闹非凡，惠州报业传媒集团旗下今日惠州网联合公益基金会举行的"春苗菜园收获季"——快乐小厨师亲子分享会在这里举行，吸引上百名学生与家长参与。

"春苗菜园收获季"——快乐小厨师亲子分享会

参加活动的27个学生家庭分9组，每组制作3个菜品，均由学生在志愿者的协助下完成。主办方准备了制作各式菜品的原材料，有可乐、鸡翅、冬瓜、西红柿、鸡蛋、青椒、鲜肉等。其中，大部分蔬菜均来自学校菜园。

家长学生们现场采摘春苗有机菜园的蔬果食材

"小厨师做的菜，有钱未必能吃到！"现场一位家长品尝了一道刚炒好的菜后马上评价，"不错，味道很正！"

认真的小厨师

　　南坛小学实验学校一年级学生吴悠然在品尝其他菜品的同时，大方地向记者介绍自己做的一道菜——辣椒焖豆腐，这道菜品吸引了众多学生和家长前来品尝，大家边吃边称赞。吴悠然说，平时在家基本不做菜，参加这个活动非常有趣，他觉得做菜并不是那么困难，以后有空就会在家做几道菜让家人品尝。

家长和学生一同品尝小厨师们做的菜

　　在场的家长纷纷表示，孩子平时在家比较少动手做事，饭菜一般是父母做好了才吃，这个活动不仅可以让孩子掌握一项生活技能，锻炼他们的动手能力，也能让他们懂得勤俭节约、懂得感恩。

家长摘菜

采访学生的感受

据介绍，"'膳'与爱同行春苗进校园"活动是今日惠州网联合公益基金会举行的公益活动。该活动在市区招募了10所学校共建春苗有机菜园，自2017年底以来，包括市南坛小学实验学校在内的10所学校陆续开展了菜园建设、播种、收获等活动，学生在老师的带领下，亲身体验了劳动和收获的乐趣。

（内容摘自2018年12月25日的《今日惠州网》）

走近鲁迅

鲁迅原名周树人，浙江绍兴人。他一生创作和翻译了很多作品，如小说集《呐喊》《彷徨》《故事新编》，散文集《朝花夕拾》，散文诗集《野草》等。他一生在文学创作、文学批评、思想研究、文学史研究、翻译、美术理论引进、基础科学介绍和古籍校勘与研究等多个领域具有重大贡献，对于"五四运动"以后的中国社会思想文化发展具有重大影响。鲁迅蜚声世界文坛，尤其在韩国、日本思想文化领域有极其重要的地位和影响，被誉为"二十世纪东亚文化地图上占最大领土的作家"。

鲁迅以笔为武器，战斗了一生，被誉为民族魂。他的思想是一种以人为核心的思想，他所关注的不是抽象的人，不是理念存在的人，而是具体的活生生的个体生命，鲁迅通过一系列文章告诉人们：把人应该具有的统统还给人。毛泽东评价他是伟大的无产阶级文学家、思想家、革命家、评论家和作家，是中国文化革命的主将。

六年级上册第五单元是认识、了解鲁迅的一组课文——《少年闰土》《我的伯父鲁迅先生》《一面》《有的人》，学习这组课文还提出了具体的要求：认真阅读课文，在读通读懂的基础上，理清文章的思路，体会含义深刻的句子；感受鲁迅先生的崇高精神；继续学习描写人物的一些基本方法。鲁迅这个人物形象距离学生有着时空的距离，基于此，为了突破本单元的教学难点，所以在六年级组织开展了"初识鲁迅"课外阅读专题活动。

一、活动主题

"初识伟人，走近鲁迅"。

二、活动形式

用经典阅读引领成长，与好书为友，结合六年级语文第五单元"初识鲁迅"专题，引导学生通过多种形式感性认识伟人鲁迅，悦读鲁迅作品。

（1）阅读1~2本鲁迅作品，撰写读书心得，也可以以名著推荐的形式完成。

（2）"鲁迅名人名言"读书分享活动，可以和父母一起制作"读书信息卡"，里面的内容可以是鲁迅名言、他人眼中的鲁迅、我眼中的鲁迅、鲁迅作品中的精彩片段等，也可以是亲子读书笔记（读书语录、感言、心得等）。

（3）"小舞台倾情演绎活动"，在鲁迅写的作品中，精选一个精彩环节，用心、用情把它演活。

"走近鲁迅"阅读卡展示

"名家名篇"分享鲁迅精彩作品

"走近鲁迅"课本剧表演

三、活动感悟

本单元的语文内容的学习多元而富有层次，既有鲁迅作品阅读、制作阅读卡，还有诵读作品精彩片段和课本剧表演活动。

在丰富的活动中，师生一起亲近鲁迅。"鲁迅先生的笑声是明朗的，是从心里的欢喜。若有人说了什么可笑的话，鲁迅先生笑得连烟都拿不住了，常常是笑得咳嗽起来。"孩子们认真聆听着台上同学的分享，这些细致的描写，仿佛鲁迅先生就在跟前。

　　课本剧的表演把本单元的语文学习推向高潮。在小小的舞台上，鲁迅作品里一个个鲜活的人物形象深入人心：少年闰土和老年闰土、孔乙己、范爱农、阿Q等，孩子们惟妙惟肖的表演，传神地演绎了鲁迅尖锐、辛辣自成一家的文风。

<h2 style="text-align:center">《少年闰土》的个人教学感悟</h2>

　　《少年闰土》是一篇很让人回味的精读课文。每次，我在讲授这篇文章的时候，总习惯把以前的一篇老课文《三味书屋》带着一块儿讲，讲讲年纪小小的鲁迅为了给父亲治病，每天奔走于当铺与药铺之间的故事；讲讲他和寿镜吾老先生那段难忘的师生情；再聊聊那个刻在书桌上的关于"早"字的久远故事……这些话题一聊，童年的鲁迅也就变得鲜活起来了。

　　1921年1月，鲁迅冒着严寒，回到阔别20年的故乡——绍兴。他以为故乡依旧像当年一样美好，没想到，却早已物是人非。那些伴着他童年的老宅却闪亮的日子啊，已经一去不复返！到不了的都叫作远方，回不去的名字叫故乡。鲁迅心中那深深戚戚、挥之不去的乡愁，都流露在小说《故乡》里。

　　其中的一段取名《少年闰土》，被选入小学语文教材。曾几何时，童年的我们也把这课文背得滚瓜烂熟。相信这一段很美的描写已经在鲁迅的心里烙下印记，也成为我们记忆犹新、朗朗上口的经典名句。

　　"深蓝的天空中挂着一轮金黄的圆月。下面是海边的沙地，都种着一望无际的碧绿的西瓜。其间有一个十一二岁的少年，项带银圈，手捏一柄钢叉，向一匹猹尽力地刺去，那猹却将身一扭，反从他的胯下逃走了。"

　　每每刚开始学习这段话的时候，我常会提一个问题给学生思考："这'看瓜刺猹'鲁迅有没亲眼见过？"孩子们的回答模棱两可，有的说有，有的说没有。这种不理解情有可原，因为这背后涉及了对课文解读的深度。

　　闰土他出生在农村，没有读书的机会，他的世界和唯一的生活是帮父亲干活。父亲去大户人家打工，当忙不过来的时候，就会把他带去。既可以帮自己干活，也能给家里省点粮食。那一年就因为遇上大祭祀的值年，忙不过来，才把闰土叫来管祭器，也才让鲁迅有机会认识了少年闰土。

在鲁迅眼里，从小长在农村的闰土是多么能干和值得敬佩啊！——看瓜刺猹、雪地捕鸟、沙地拾贝、看跳鱼儿……他不仅勤劳勇敢，而且知识丰富。是的，少年闰土的心里没有成年人的负担和顾忌，所以，他第一次见到鲁迅的时候，没有畏畏缩缩，也没有因为身份地位不同而自卑，反而把鲁迅当作朋友，很开心地跟鲁迅聊起他所热爱和熟悉的农村生活。捕鸟、看瓜、刺猹、捡贝壳，闰土说得兴高采烈，鲁迅听得津津有味，很快的他们成了形影不离的好朋友。是的，闰土在鲁迅心里为什么如此美好？那是因为"闰土的心里有无穷无尽的稀奇的事，都是我往常的朋友所不知道的。他们不知道一些事，闰土在海边时，他们都和我一样，只看见院子里高墙上的四角的天空。"

这就是少年意气！是我们成年人被社会磨平棱角后，最怀念的东西。我们在学校读书时，不也是这样吗？我们没有那么多的小心思，只凭着自己的感情交朋友、做事情，不把一切世俗的眼光放在心上，只求自己开心，这也是鲁迅对儿时玩伴闰土念念不忘的原因！因为那是最值得怀念的光辉岁月！

在课堂中，我力求在对文章句子的解读中引导学生感受到鲁迅和闰土的纯真友情。高年级教学中，对文本的解读重要的是通过文本语言去建构那个隐含在文字背后作者的写作意图，去了解隐含作者内心情感的波澜起伏。《少年闰土》这篇文章，着力挖掘的就是鲁迅对少年闰土的美好回忆！是鲁迅心灵深处，故乡最温暖的一部分！

回想起来，我小时候学习这篇课文时，所记得的故乡并不是如此的——那时"我"的父亲还在世，家景也好，"我"正是一个少爷。虽然我一见便知道闰土，但又不是我记忆中的闰土了。通篇全是"我、我、我"，潜意识下就把自己带入鲁迅的少爷角色，"紫色的圆脸，头戴小毡帽，颈上套一个明晃晃的银项圈"的闰土，恐怕就被当作了一个农村来的土里土气的少年。可是，现今再和学生一起学习课文，才发现，文章还是那篇文章，只是当年的小孩都已经长大了。鲁迅《故乡》里的"闰土"成了大家少年时的闰土，那个温暖而阳光的"少年闰土"了！

大家希望一如年少模样！可是，理想如鲁迅，现实如闰土。

当带着孩子们继续学习课外拓展《老年闰土》这篇文章时，记得整个课堂静悄悄的。孩子们细细地读着这些描写，在字里行间里，在惊讶中慢慢地接受这就是后来的闰土，跟着鲁迅一起接受这20年后已经变老的闰土，接受什么是物是人非。

"他的身材增加了一倍，先前的紫色的圆脸，已经变作灰黄，而且加上了很深的皱纹。眼睛也像他父亲一样，周围都肿的通红。"

"他头上是一顶破毡帽，身上只一件极薄的棉衣，浑身瑟缩着。"

"那手也不是我所记得的红活圆实的手，却又粗又笨而且开裂，像是松树皮了。"

站在鲁迅面前，他不敢肆无忌惮地开玩笑，而是恭敬地叫一声"老爷"，还要解释"那时是孩子，不懂事……"最心酸的莫过于这句话了。

时间可以改变一切。慢慢地，那个聪慧、阳光的少年闰土不见了，他被生活压得喘不过气来，成了"懂规矩"的中年人。鲁迅提出要送闰土一些不用的东西，他选了两条长桌、四个椅子、一副香炉和烛台、一杆抬秤，闰土满心欢喜。几天后，还划船来搬走所有的草灰……读到这里，又有多少人会和鲁迅一样，发出了深深的一声叹息？

重新学习这篇课文，才发觉《少年闰土》写得真是好。以前读《少年闰土》时年纪还小，不太懂文章的思想，但是隐隐地觉得闰土的人生有些悲哀。现在长大了，独自面对生活，才发现其实自己也是闰土。

对于鲁迅本人来说，他的写作是创作思维，而读者的阅读，却是赏析思维。课堂里，我们用自己的理解和感悟，与作者鲁迅共同对话，一起品味百态的人生，很享受这种精神富足的预约！

是的，合上书，关了电脑，眼前尽是柴米油盐。少年不懂鲁迅，如今才知道，我们都是闰土！

愿你走出半生，归来仍是少年。

课外阅读指导系列

美丽书世界，阅读伴我行

"小学成绩具有迷惑性，不阅读的孩子都是潜在的学困生。"

"小学欠下的阅读账迟早是要还的。"

"高考改革，得语文者得天下。"

从学业角度的观点来看，阅读的重要性毋庸置疑。从一个人的精神层面需要来说，阅读是一个人精神成长的基石。阅读非常有价值，现阶段，学校和家长们都应该高度关注孩子的阅读数量和阅读质量。笔者想就让孩子读什么书？低年段亲子阅读有哪些误区？如何借力保持高年段孩子的阅读动力？这三个问题谈谈个人的看法。

一、对于阅读刚起步的孩子，家长如何挑选童书呢？

1. 对于阅读，选择童书要遵循总原则

挑选童书时，要考虑的最重要事情是，我们在替哪个年龄段的孩子选书。比方说，5岁的孩子与3岁或7岁的孩子相比，喜欢且能够理解的书就不同，所以我们需要挑选适合孩子年龄的书。以下几点细节供参考：

（1）最好的儿童故事具有简单的文本、明亮缤纷的图画，以及圆满快乐的结局。太长或太难的书会让孩子感到挫折，甚至可能破坏他们对于文学作品阅读的乐趣。

（2）孩子对于幻想故事的反应是很高兴的，特别是对于动物的行为举止像人类的那种故事。

（3）孩子喜欢和他们自己有关的故事：典型的童年经验的故事。小男生喜欢关于男生的故事，而小女生则喜欢关于女生的故事。

（4）儿童故事应该包含正面的角色模范：角色的行事应该要能够被接受，或是得到鼓励。

（5）孩子到了高年段，家里的童书多起来了。但是，我们是否注意到一个普遍现象：家里藏书多，孩子读书少？不少孩子都有属于自己的小书架，但是如果问一问孩子书架上的书都读过吗，那么答案十有八九会让父母失望，从头到尾认真读过的书不过少数几本，能反复阅读的就更少了。父母认为好的书，孩子不感兴趣；孩子喜欢的书，家长认为不值得读。笔者的看法是，孩子应该有更多的选择权。

2. 对于阅读过程，关注阅读能力提高的两个条件

一是持续性和连贯性，即阅读习惯的培养。要每天固定有阅读时间，而不可以喜欢就读读，不喜欢就不读了，这样不会有好习惯的养成。二是阅读量的累计，没有量的累积，就没有质的提升。大量的阅读才能提升孩子的阅读能力和阅读品位。

（1）如果书籍内容不足够吸引孩子，孩子是难有耐心达到以上两个条件的，阅读能力也就无法提高。带孩子去书店或图书馆，让孩子自己随便选，只要去的次数足够多，孩子最终将发现自己的兴趣所在，读书的劲头就会大大增强，随势而引最聪明。

（2）读书，可以任性一点的。即使是偶尔读些垃圾书，也没什么大不了。孩子到了中高年级，身边会出现一些流行读物。对此，笔者认为不必制止，就像我们有时吃腻了大餐，也可以吃一顿麦当劳，害处并没有想象的那么大。如果你不给孩子吃麦当劳，孩子也会想方设法去尝尝味道，不如让他们自己经历这样一个过程。当然，家长对这样的书，可以有一个鲜明的态度。比如，"这种书你可以借着看，或者到书店读，我不反对，但我不同意你把它们买回家。"可能一段时间后，孩子对于曾经无比迷恋的流行读物突然没了兴趣，随之回到一个有选择、有价值判断的阅读轨道上来。

（3）一方面，读书要给孩子选择权，另一方面家长需要重视学校的推荐阅读。学校对于阅读的重视，在塑造孩子的阅读习惯上，往往事半功倍，理由很简单——孩子愿意听老师的话。而且，老师因教学需要，往往会针对课本补充阅读，这是家长不太会有的视角。家长们要重视老师的阅读推荐。

二、低年段阅读，如何走出亲子阅读的误区？

每日讲睡前故事，很多家长已经有很好的心得体会，但是要提醒自己不要走进亲子阅读的误区。亲子阅读误区归纳起来有以下几种。

1. 拼命教孩子识字

为何要进行亲子阅读？因为孩子小的时候认字不多，所以总会缠着父母讲故事，这是父母的一门必修课。很多父母到书店一看，一本图画书要二三十元，书上还没几个字，花同样的钱还不如买一本字多的，这就是一个误区。

孩子的想象力往往来源于图画，读图画书是最好的阅读启蒙。有的家长在孩子很小的时候，喜欢疯狂地购买识字卡片，逼孩子识字，可认字不等于阅读，更不大可能让孩子爱上阅读。

父母把阅读当作丰富孩子知识和语言表达能力的工具，却忽略了阅读本身的规律，使孩子产生厌恶阅读的情绪。一个养不成阅读习惯的孩子，认识再多的字也没有用。

2. 不厌其烦地提问题

家长给孩子买了一本书，陪着孩子读完之后，经常出现的坏毛病就是拼命提问题。"小鸡是吃什么的？兔子长几只耳朵？"如果家长同时还表现出情绪上的着急，就更糟糕。以至于以后孩子每读一本书，都心存恐惧："妈妈会问我什么问题呢？"

一位父亲或母亲，把孩子抱在膝盖边，陪他一起读书是最温暖的时刻，但这种氛围往往被急功近利的问题破坏。当书变成工具，阅读方法也变成工具时，孩子会十分厌倦。

3. 把书直接丢给孩子

很多家长借口工作太忙、太累，或忙于在手机上刷屏，买了书就丢给孩子自己读。没有父母的陪伴，低龄的孩子往往被声色更具刺激感的电视吸引去了。

亲子阅读的正确读法是：孩子一边聆听着爸爸、妈妈的声音，一边用眼睛细细地读图、亲近文字。亲子阅读的时间并不需要很长，每天只要温馨一刻就足够了。

4. 把亲子共读当成道德教育

亲子共读与我们之前提倡童书的教化、教育等作用不同，更强调让孩子在潜移默化中感受阅读的美感和快乐。

但家长在给孩子讲故事时，常常希望孩子们懂得"这个故事告诉我们……"，这种爱提炼中心思想的坏习惯不适用于亲子阅读。好的图书构思已非常完美，不需要添油加醋，也不需要再添枝节。

"早期阅读教育的根本目的，就是培养孩子良好的阅读习惯。书是拿来吃的，书是拿来玩的，书是能跟爸爸妈妈在一起的工具，是能带来快乐的东西。"

三、如何借力保持高年段孩子的阅读动力

1. 给孩子找几个书友

一项对美国南方某大城市里在校的272名11岁到19岁的男孩和女孩的研究表明，同辈群体之间对文学阅读行为的影响是明显的。调查中向这些青少年提了这样的问题：在阅读材料的选择上，是谁最可能对他们产生影响？父母、友伴，还是最要好的朋友？从回答的结果看，38.9%的学生回答是友伴，33.5%的学生回答是父母，27.6%的学生回答是最好的朋友。可见，友伴和最好的朋友的影响是显著的。

《哈利·波特》为什么热销全球？在一段时间里，中小学生几乎人手一册，以至于很多人开始坚信人是天生爱阅读的。为什么会出现这种全球性的迷恋，难道这本书好看到每一个人都喜欢？笔者以老师的便利就这个疑问采访了很多学生，事实上也有一部分孩子读了以后也并不觉得怎样，特别是《哈利·波特》的后面几部，甚至还有一些孩子对这种魔幻想象小说本身不感兴趣。但是当他的同伴都在读《哈利·波特》，而自己没读过，那么他就觉得自己无法加入同伴之间的文学对话语境，显得自己孤单和掉价儿。为了和同伴取得协调，就得赶紧找那些作品来读。

深圳的一位老师这么说过："深圳有很多家长现在买书，同一本书有时买五六本。为什么呢？这些家长把一本送给自己的孩子，其他的就送给孩子要好的朋友，因为当其中一个孩子对阅读表现出懈怠、厌倦的时候，他的朋友却仍

在传递着对于书的正面积极的态度，这种对书的正面积极的态度反过来会影响所有人。"

南昌一个校长，也在推广儿童阅读，可是她自己的女儿对阅读的兴趣一般。她想了各种办法，效果都不明显。后来她在中午时间开设了一个阅读社团，把高年级的几个酷爱阅读的孩子召集在一起聊书，她利用了自己的"校长职权"，让女儿也加入其中，一段时间之后，她发现女儿对书的热情在迅速提升。

2. 扩展阅读的"群体动力学"

良好的阅读氛围是可以感染周围人的。阅读的"群体动力学"，我们可以把它扩展至教师群体。一个教师对于书籍和阅读的挚爱和热忱，会在与学生交流阅读心得时自然地流露出来，感染学生，从而转化为开启学生阅读热情的良好的情绪氛围。

在安妮·弗朗索瓦的《读书年代》里有这样一句话：我的书里塞满了各种琐碎玩意儿，如旧时的信笺、购物清单……它们总是伺机透露一些被遗忘的秘密。书有两个生命，它们讲述自己的故事，也见证了我的生活。看到书架上的一本书，跟随在复习它的内容之后的，是我阅读它的那段时光的记忆，思想随着文字起伏，在哪个标点处波动，在哪个段落尾卷入情绪，全部都翻涌上来，重新演绎一遍过往。我阅读书本，它们也在观察我，不动声色地把我的生活拓印进它们的身体里。

是的，书里有着神奇的大千世界！"美丽书世界，阅读伴我行"，让我们启航吧！

我们一起读《草房子》吧

【教学目标】

（1）在通读完整本书的基础上交流阅读感悟，加深对作品的理解。

（2）采用"读书分享会"的形式，促使个性化阅读与合作性阅读融合。

（3）透过文字，深刻感受作品所表现出的真善美的人文魅力，体悟作品对生命的诠释。

【课前准备】

（1）学生人手一册《草房子》，课堂组织观看《草房子》影视作品。

（2）学生以小组为单位选择书中的一个人物形象，完成一段文字描述。

（3）背景音乐准备。

【教学过程】

1. 书中的童谣导入

这些童谣都来自最近大家在读的《草房子》，你喜欢读这本书吗？

2. 心心相印（解读人物）

梳理书中主要人物及事件，提炼人物品质，找到生活中这些人物的影子。

师：大家都说自己喜欢这本书，那要考考你们对这本书里的所有人物是不是都了如指掌。

师：游戏"猜猜他（她）是谁？"，请根据具体描述说出这个人物是谁。

师：她是一个非常善良的农村妇女，她很勤劳，辛苦了一辈子，她和油麻地小学有着一段不解之缘，很少有人愿意搭理她，甚至有人认为她很可恶，她曾经两次落入水中，她是——（秦大奶奶）

师：对！她第一次落水是为了——（救人）

师：第二次落入水中——（救南瓜）

师：他们是热爱土地的一对夫妇，总是做着关于土地的美梦。他们是——（秦大夫妇）

师：看来大家和书中的人物达到了心心相印的程度了。

请各组同学商量好，从下面选好一个人物，写好一段关于他（她）的描述放在信封里。

《草房子》中的人物：桑乔、蒋一轮、桑桑、杜小康、细马、秃鹤、纸月。

师：通过同学们刚才的分享，细数了一下，作家曹文轩在这本书里为我们描述了大大小小二十几个人物，在这些人物形象中，你最喜欢哪一个？说说他（她）的故事。

（生各抒己见，师及时点拨，提炼人物品质。）

师：刚才大家谈得最多的、能引起共鸣的还是《草房子》里的那些年龄和你们相仿的孩子，在这么多儿童形象当中，你有没有隐隐约约找到自己或你周

围人的影子呢?

（生说自己或周围人与书中某个人物的相似之处，感受书中人物形象来自生活，拉近和人物形象的距离。）

师：聊着聊着，老师似乎来到了草房子，来到了油麻地小学。我的眼前出现了这样一些画面，桑桑带着我们改造他家碗柜，细马带着我们放羊，杜小康带着我们到芦苇荡数鸭蛋，我似乎还看到了纸月带着我们走山路，从板仓走到油麻地小学。就让我们一起去油麻地小学，怎么样?

3. 精彩回放（品味语言）

分享书中精彩段落，感受作品的人文魅力。

师：你看到的油麻地小学是一所怎样的学校?

（生说草房子在头脑中的印象）

师：油麻地小学是一所与众不同的学校。在书中对它的环境有一段精彩的描写，让我们来回顾一下。我们进入今天谈话的第二个版块——精彩回放。

（师配乐引读描写草房子的一段文字，师生合作朗读，引起共鸣。）

师：在音乐中，在朗读中，你有没有看到满目金色的草房子?有没感受到"在春风里战战兢兢如孩子般可爱的麦苗，在五月的阳光下闪烁着光芒的金子一样的麦穗"?能谈谈那种真切的感受吗?

（生品味语言后，再说感受。）

师：这如诗如画的草房子可是油麻地一道亮丽的风景。这些文字把我们带到了一个古朴、华贵的天地。

师：书中这样精彩的描写还有很多。你喜欢哪些段落或句子呢?各小组先商量一下，确定内容，练习练习，稍后一起大家分享。

（生小组讨论确定分享内容，练习朗读，感受情境。）

师：小组展示，其他同学仔细听、认真看，试着想象同学朗读文段背后的画面。

师：听了他们的朗读，你有什么感受?

（生评价，谈欣赏后的感受。）

4. 真情告白（感悟祝福）

在精彩回放环节给学生创设了情境，引起了共鸣，让学生适时表达对书中人物的关切和祝福。

师：刚才同学们分享了内心的感受，让我们来一次真情告白吧！

（生对书中人物表达关切和祝福。）

师：同学们说得真好！你们的分享让我们看到了来自作品里的一幅幅真善美的画面，仿佛看到了一个个天真无邪的笑容，仿佛听到了一声声长长的叹息。当然，这本书给我们带来的远远不止感动，这本书还给你带来了什么呢？

（生谈从这本书中得到的启示。）

5. 结语

师：这么好的一本书我真想介绍给我的朋友，我想与他一起分享。你呢？你想推荐给谁？

（生联系生活实际，思考哪些人适合读这本书，谈自己想推荐的对象。）

师：对，我们想让我们的同学、朋友、老师、爸爸妈妈也来看这本书。

师：如果他们也看了这本好书，他们就能唤起自己童年的回忆，更了解你们，与你们的心贴得更紧，说不定也会爱上你们喜欢的童谣呢。就像我一样——

（师吟唱书中的童谣，生纷纷加入吟唱。）

【分享心得】

在温馨的气氛中，师生怀着感动的心倾心交谈着，在分享中品味人生的酸甜苦辣，在唯美纯净的精神殿堂里，经受了一次难忘的洗礼。

【活动感悟】

满目金色的油麻地，一个个可爱的孩子在这里成长，桑桑、杜小康、细马、秃鹤、纸月……这些一缕缕生命的暖阳滋润着他们幼小的心灵，对于这些孩子来说，这样的成长是宝贵的，拥有老天的眷顾；他们的生命质量注定是厚重的、深刻的，甚至拥有不可思议的明亮。从今往后，他们的内心一定坦荡如砥，他们的心灵一定美好无比，他们的理想一定会像悠游于天空的云朵一样圣洁纯净。这些跃然纸上的内容，都是老师和孩子们在分享阅读的美好中所收获的精神成长。

屋顶上，桑桑的鸽子飞得老高，呼啦着翅膀，"仿佛满空气里都响着一片清脆的掌声"。孩子们在美丽的油麻地里生活着，在人生的道路上成长着，咀嚼着个中的甜酸苦辣，在心灵最深处无言而喻的明亮着、纯净着。弱不禁风的温幼菊老师传递给桑桑的是面对生死的力量；由富变赤贫、接二连三的困境也不能让杜小康低下高昂的头颅；秃鹤的秃头极具喜感，在阳光下闪闪发光，真的不难看；细马用瘦弱的一己之力撑起了妈妈和一个家庭的希望；柔弱的纸月终于如愿以偿，和爸爸团聚了……我们读过《草房子》之后，感悟到的纯净是一睁开眼睛后对一切美的最初定义。《草房子》大家都喜欢。它既告诉读者孩子们世界里的真实模样，也含蓄地暗示着未来生活的真实面目。优秀的儿童作品不应该是一味地让读者徜徉在理想而浪漫的摇篮里，而是能够直抵心灵深处，指引人们在走向坚强的同时，也不会泯灭那颗可贵的童心。

　　《草房子》，一部自然的圣经。油麻地，演绎六年看似寻常却刻骨铭心、催人泪下的苦痛成长史。少男少女间毫无瑕疵的纯情，不幸少年与厄运相拼时的悲怆与优雅，垂暮老人在生命最后一息释放出的耀眼的人格光芒……熟悉而又陌生的童年记忆，扑朔迷离与诗情画意缠绕其间。简单而深刻的童年，因为，疼痛可以见证成长！人到中年，我们遇到了桑桑，桑桑只有14岁。相信若干年后，当我们白发苍苍之际，桑桑依然只有14岁，他在我们的记忆里将永远年轻！满目金色的油麻将依然温暖！致敬！一部美好的作品。

读书活动

出发！去充满故事的奇想国

2018年4月23日"世界阅读日"，我们有幸邀请了中国著名童书编辑黄晓燕老师来南坛小学实验学校给一、二年级的孩子讲学。这次，黄晓燕老师带来的分享主题是"出发！去充满故事的奇想国"，让一、二年级的孩子们在故事里遨游。

分享嘉宾：黄晓燕，奇想国童书创始人、总编辑，资深童书出版人，从事图书出版行业25年，加拿大西蒙弗雷泽大学出版学硕士、加拿大西蒙弗雷泽大学儿童文学和儿童出版跨学科研究博士（肄业）。曾作为国内唯一受邀嘉宾，赴美在美国全球童书大会上做关于中国童书的主题演讲，为中国童书发声。编辑出版过多部知名童书，如《暴风雨中的孩子》《心弦奏响的一刻：漪然赏读37部经典童书》《会说话的点点》等。

黄晓燕老师分享主题——出发！去充满故事的奇想国

课内诗文诵读，我能行

一年一度的"课内诗文大赛"在即，各班孩子们的参赛热情高涨。校园里，绿荫下，老师们指导孩子们用心地揣摩，细致地表达，逐字逐句地练习着。这样的活动让朗读充满生机、充满灵性、充满情趣。听，那声音真让人回味无穷。

学生准备"课内诗文大赛"

课内诗文诵读比赛现场，选手们全神贯注投入吟诵，在曼妙的古典音乐等伴奏形式的渲染下，师生沐浴着书香的气息，尽情感受经典诗文的文化洗礼。

诗文诵读比赛

多读书，读好书，乐读书

一年来，为了鼓励孩子们多读书，读好书，乐读书，老师在认真比较后，精心挑选了一批优质图书，推荐给不同学段的孩子们。

根据推荐书单，学校还为1～6年级的每个孩子配备了一本图书，年级里6本必读书目实行"图书漂流活动"（每人每月读一本书），开学领回班级，期末回收图书馆。旨在提高学生的阅读兴趣与热情，提升小学生的欣赏品位、审美情趣和文学艺术修养，丰厚校园人文底蕴。

学校配备的图书

附：

1～6年级阅读书目推荐

一年级书目

《蚯蚓的日记》

《11只猫做苦工》

《你看起来很好吃》

《神奇的校车》

《小熊和最好的爸爸》

《猜猜我有多爱你》

二年级书目

芭芭拉·库尼的《花婆婆》

张乐平的《三毛流浪记》

古代故事《哪吒闹海》

蒂皮·德格雷的《我的野生动物朋友》

酒井驹子的《我讨厌妈妈》

萨拉·斯图尔特的《小恩的秘密花园》

三年级书目

叶圣陶的《稻草人》

黑柳彻子的《窗边的小豆豆》

莱曼·弗兰克·鲍姆的《绿野仙踪》

张天翼的《宝葫芦的秘密》

玛·阿希·季诺夫人的《列那狐的故事》

亚米契斯的《爱的教育》

四年级书目

曹文轩的《草房子》

曹文轩的《青铜葵花》

约翰娜·斯比丽的《海蒂》

埃莉诺·埃斯特斯的《一百条裙子》

《希腊神话》

林海音的《城南旧事》

五年级书目

岛田洋七的《佐贺的超级阿嬷》

史蒂文森的《金银岛》

石悦的《明朝那些事儿》（一共有7本）

斯威夫特的《格列佛游记》

施耐庵的《西游记》

姜戎著《狼图腾》

六年级书目

三毛的《撒哈拉沙漠》

肖复兴的《我家的老院》

冯骥才著《俗世奇人》

罗瑞·斯图尔特的《寻路阿富汗》

罗贯中的《三国演义》（通俗版或少年版）

沈石溪的《狼王梦》

与此同时，我们还组织了一次全校性的图书跳蚤市场，让孩子们手中拥有的书真正"漂流"起来！

图书跳蚤市场

走进熊王国

——《贝贝熊》系列丛书阅读分享会

近期，我们开展了系列读书活动。

《贝贝熊》系列丛书阅读分享会是在构建"书香校园""书香班级"活动的基础上升华起来的一个阅读主题活动。本活动选材贴近低年段学生的生活实际，根据年龄特点制定出相应教学目标，"走进乐园""精彩赏析""人物画像""书香四溢"四大板块的丰富展示紧扣系列丛书的内容，创设出融洽和谐的共读氛围——师生交流阅读感受，加深对作品的理解；读书分享会形式的采用，促使个性化阅读与合作性阅读融合；在感受作品的人文魅力的同时，体悟作品的生命诠释，使孩子们受到美的熏陶，教学方法灵活多变，流程清晰，执教者注重引导孩子梳理书中主要人物及事件，提炼人物品质，找到生活中这些人物的影子；板块教学凸显，"感受情境，品味语言，说感受谈启示"是分享活动一大特色，在轻松活泼的主题曲中结束，分享的气氛达到高潮。老师过硬的基本功、亲切的教态、适时地点拨是分享活动成功的基石，多媒体平台的使用、温馨的环境布置、小班化教学模式则为点睛之笔。

来自家长的反响：

《贝贝熊》已经推广，班上很多学生家长纷纷打电话说，《贝贝熊》这套书的内容非常贴切生活，让他们和孩子受益匪浅，希望老师能多推荐此类书籍。

学生的阅读反应：

孩子们每天认真地看着《贝贝熊》系列丛书，有的孩子会把故事中的人物转化成自己，在他们的心中都有自己喜欢的人物，他们希望自己也过着像贝贝熊家族一样幸福、快乐的生活。

【教学反思】

《贝贝熊》系列丛书读书活动开展了一个多月，在这一个多月里，我们每天都有阅读的期待和阅读的话题。课堂上、课余时间，在学校、在家里，我们共同讨论着贝贝熊一家所遇到的趣事。这套书籍画面清新，故事暖心，总是让人爱不释手，孩子们每天手里捧着书读不同的故事，津津有味地看着，互相聊着故事里的情节。正是从这些生动有趣的故事中，孩子们懂得了诚实与守信、勇敢与坚强，孩子们的意志品质得到了很好的熏陶！

熊爸爸和熊妈妈这对父母360度无死角的育儿方法，可以打败所有的育儿丛书。刚看几集的时候，我就有这样的感受：如果世界上真的存在完美型父母，那非熊爸爸熊妈妈父母莫属。

因为他们无限温柔和耐心，又充满了智慧和童真。他们带着孩子玩耍，陪孩子游戏；孩子们高兴他们跟着高兴，孩子们不高兴，他们逗孩子们高兴；

孩子们莽撞他们不阻止，孩子们犯错了，他们不批评……其中有个情节让人印象深刻，熊哥哥和熊妹妹很喜欢在泥潭里面跳来跳去，但妈妈从不阻止他们，只是提醒着：如果你要在泥坑里跳，你需要穿上靴子才行。结果，他们跳到一个大泥潭里面，弄得浑身脏兮兮的，回到家把地板弄脏了。爸爸看到后，只说了一句"没事，只是些泥而已"，之后就陪他们一起出去玩了。这也难怪了，好多小朋友看完这套书，都希望自己能变成熊哥哥或熊妹妹啊！

这段时间的读书分享会在低年级掀起了一股热潮，每个班级都传阅了这套书，很多家长在家里也买了一套，大人跟着孩子们一起阅读。其实，阅读并没有那么复杂，找到一个安静的地方，打开书，静静地阅读起来，就是一件很简单也很幸福的事啊！

我们喜欢上阅读课

老师，我来回答

熊哥哥和熊妹妹是你们的好朋友吗？

哈哈！他们表演得真像！

以书会友，走进五彩缤纷的熊王国

把精彩的阅读课录下来

赏析影片　快乐体验

——电影《阿凡达》赏析指导

电影《阿凡达》赏析课是笔者组织校教研活动的一次新尝试，包括内容的选材、授课形式的制定、教学环节的安排、影片的剪辑及课件的制作都是在多

次的教学研讨中制定下来的。

本次执教的李老师比较准确地把握了影视作品的内容及思想，在关注学生年龄特点的同时注重引导学生了解电影赏析的方法，尤其重视学生对影视作品的整体把握，特别是对影视作品价值的独到理解，鼓励学生个性化的感受和创造性的解读。通过对电影的欣赏和评价，将学生的语文知识、能力和他们的情感、态度和价值观融会整合，切实提高他们的语文素养。

整体感觉这是很出彩的一节课——内容新，教法新，形式多样。教学流程清晰，板块教学凸显主题，尤其在第三板块"学习运用方法，欣赏、品味影片"的设计上有独特之处，既紧扣赏析、体验的主题，同时在执教者娴熟驾驭课堂能力的基础上，创设了各抒己见、畅所欲言的融洽氛围。适时地点拨体现了顺学而导的思路，生成了宝贵的、动态的话题资源。最后，教师总结赏析方法、推荐优秀影片以及意味深长的结束语为本课的教学画上了一个圆满的句号。

李老师的话：

本节课带给我的是全新的思考——新教材，新尝试，新探讨。

这节课带给我这样的感悟：我和学生一起观看电影，也就是在赏析创作者的灵魂，在与他们进行思想间的交流，这也是一种阅读！当我们与他们产生了共鸣的时候，也就是我们真正看懂一部电影，真正爱上电影的时候！

说说，你听到了什么？

说说，你看到了什么？

分享情节，师生共赏

有一阵子，看到好些孩子都在小本本上写着、画着，不知在捣鼓着什么，好奇地问孩子们，他们自豪地回答："这是手帐！"

"手帐"到底是什么呢？后来上网查查，终于弄明白了。

手帐，也有写为"手账"（因来源于日本，标准写法为"手帐"），指用于记事的本子，也指在记事本子上拼贴图画以装饰记录生活。手帐最初流行于日本，在日本，无论男女老少都会随身带着一个被称为手帐的笔记本，随时随地掏出来翻翻，或者在上面记些什么。对于日本人而言，手帐是不可或缺的生活用品，不仅具有备忘功能，而且是进行人生规划的一个重要工具。所以通俗点讲，手帐就是他们记录生活与工作的载体，类似于日记或工作记录，但却更加有趣味性。

手帐不仅能提醒和记录家人、朋友的生日和约会，还能帮助我们清晰地安排每天的工作，很多人把它当作简短的日记本。每个人都可以根据自己的需要，写属于自己的手账，如旅行手帐、美食记录、日程安排、读书手帐、观影手帐、自我管理等，形式和类型可以是多种多样。

语文课上，我们根据高年级学生的年龄特点，指导他们完成一些富有趣味的课外语文拓展作业，效果出奇的好！因为学生们有很多奇思妙想，不仅会选择自己喜欢的主题内容，而且还动脑筋思考、设计，使用纸胶带、贴纸、绘画等多种形式对手帐进行装饰。细细欣赏孩子们的作品，你会感觉到，一本本小小的手帐很有温度，因为它们曾陪伴孩子们一起度过一段美好的阅读时光。他们把自己读懂的、感兴趣的主题内容记录下来，把自己认识的生活记录下来，这本身就充满了仪式感。

这些满载知识回忆的手帐笔记本，里面的字体或许不那么工整，画的画、贴的图片或许还很幼稚，但这并不妨碍我们欣赏。因为不论是精心装饰的贴贴画画，还是只言片语条理清晰的文字摘要，都是孩子们学习的一部分，只要他们自己内心认可和喜欢就足够了。因为这些还代表着孩子们愿意在小细节中发现生活的美，再用一卷胶带、一支笔、一个贴纸，甚至是一张皱巴巴的糖果纸，在单位的时间里，把童年的时光完美地呈现出来，再次感谢孩子们的分享！

暑假手账

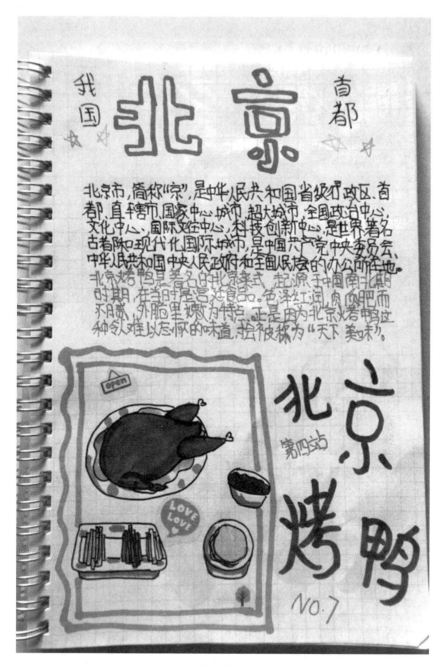

北京简介

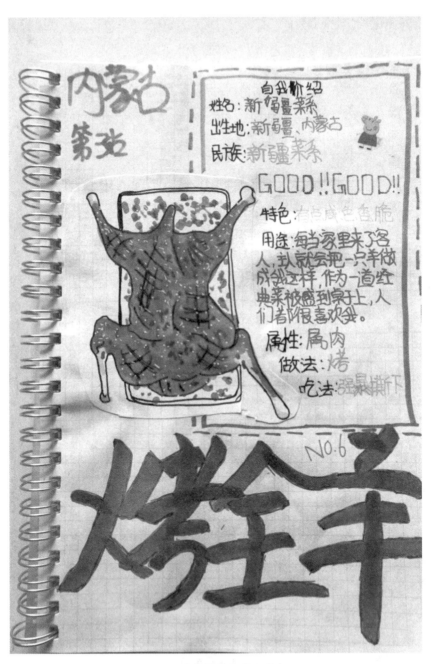

内蒙古特色菜品简介

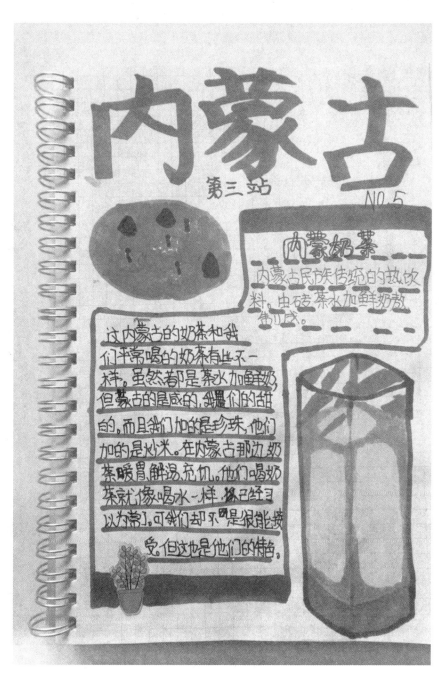

内蒙古

第三站

NO.5

内蒙奶茶

内蒙古民族传统的热饮料，由砖茶水加鲜奶熬制成。

这内蒙古的奶茶和我们平常喝的奶茶有些不一样。虽然都是茶水加鲜奶，但蒙古的是咸的，我疆们的甜的，而且我们加的是珍珠，他们加的是炒米。在内蒙古那边奶茶暖胃、解渴、充饥。他们喝奶茶就像喝水一样，像已经习以为常了。可我们却不是很能接受，但这也是他们的特色。

内蒙古特色饮品简介

四川特色小吃简介

英国传统文化简介

中国传统文化简介

日本传统文化简介

日本传统文化简介

夏至简介

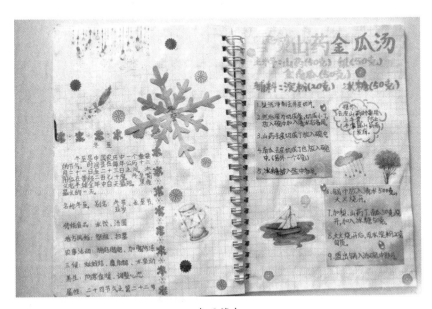

冬至简介

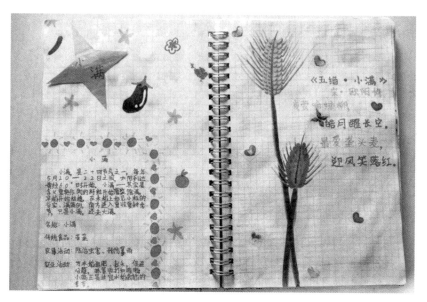

小满简介

宙斯神像简介

金字塔简介

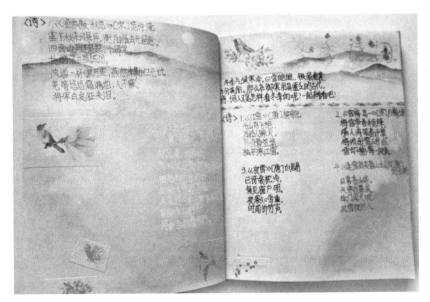

冬季诗词简介

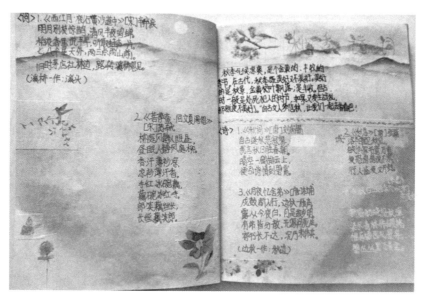

秋季诗词简介

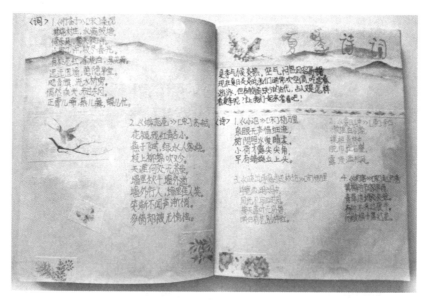

夏季诗词简介

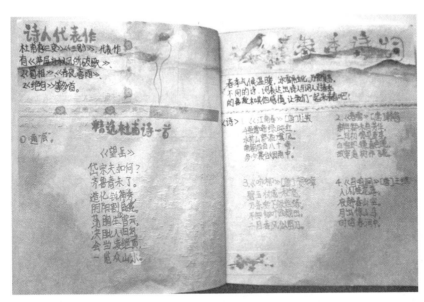

杜甫及其诗词简介

李白和李清照及其诗词简介

诗人李白简介

杜甫简介

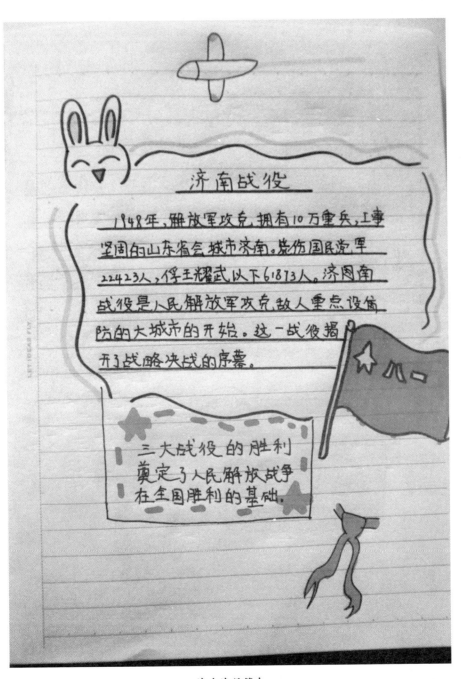

济南战役

1948年，解放军攻克拥有10万重兵，工事坚固的山东省会城市济南。歼伤国民党军22423人，俘王耀武以下61873人。济南战役是人民解放军攻克敌人重点设防的大城市的开始。这一战役揭开了战略决战的序幕。

三大战役的胜利奠定了人民解放战争在全国胜利的基础。

济南战役简介

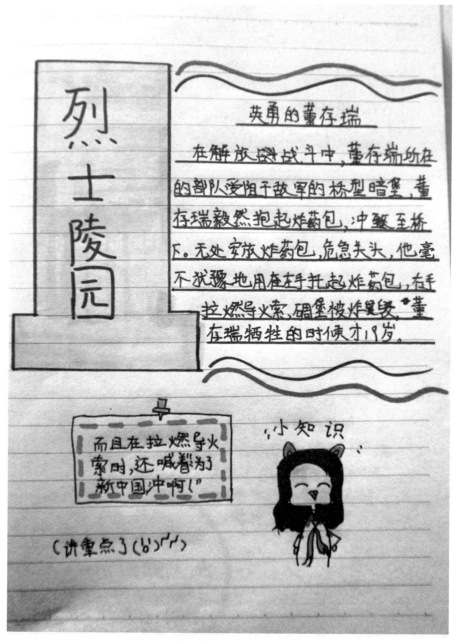

英勇的董存瑞

在解放战斗中，董存瑞所在的部队受阻于敌军的桥型暗堡，董存瑞毅然抱起炸药包，冲锋至桥下。无处安放炸药包，危急关头，他毫不犹豫地用左手托起炸药包，右手拉燃导火索，碉堡被炸毁，董存瑞牺牲的时候才19岁。

而且在拉燃导火索时，还喊着"为了新中国冲啊！"

小知识

（讲重点了（白）/）

董存瑞英雄事迹简介

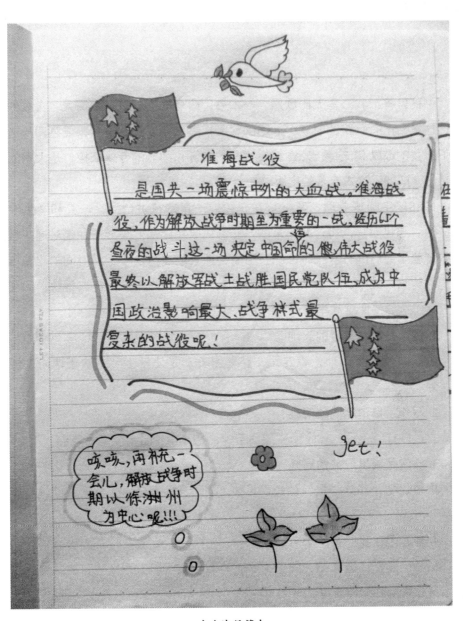

淮海战役

是国共一场震惊中外的大血战。淮海战役，作为解放战争时期至为重要的一战，经历65个昼夜的战斗这一场决定中国命的伟大战役最终以解放军战士战胜国民党队伍，成为中国政治影响最大、战争样式最复杂的战役呢！

咳咳，再补充一会儿，解放战争时期以徐州为中心呢!!!

get!

淮海战役简介

后记 ▶

书稿付梓，我心里无比欣慰。一本书，珍藏的不仅是一路探索、实践的记忆，这里面还有一路的收获，一路的欢笑！该书得以顺利出版，要感谢身边朋友们对我的鼓励和支持，感谢编辑对书稿内容和细节的专业把控，是大家的点滴付出，成就了这本专著的出版。

1988年中师毕业后，我一直在一线，一直站在讲台上，一直和学生零距离接触。于我而言，将这30年来的一些感悟收集起来汇集成册，是对这些年自己教育教学经历的一次细细回味、咀嚼，逝去的岁月由于带着时间的滤镜自然有一种美感，其中，书中很多的思考是来自语文教学的四大经典板块：阅读教学、写作指导、课堂教学、课题研究。

1. 阅读是自由驰骋的天地

由课内延伸至课外，积淀语文整体素养，是让学生"得法于课内，受益于课外"。

2. 写作是自由流淌的清泉

立足多样的生活，体味个中酸甜苦辣，是让学生"用我笔写我心"。

3. 课堂是集思广益的高地

根植课堂，40分钟里，认知、思维、表达一气呵成，是让学生"站在课堂中央"。

4. 课题是自我完善的学习

树立问题即课题意识，化整为零，将教育教学研究系统化、生活化、常态化，是让学生"学得更好，站得更高"。

心里充满着感恩之情，它来自我们姐妹三人所拥有的温馨家庭。父亲是20世纪60年代的华南师范大学的毕业生，曾经上山下乡扎根农村教育事业。也曾作为农村优秀教师代表到北京参加大阅兵活动，在天安门城楼前接受过毛主席的检阅，这次难忘的经历，一直是我们全家的荣耀！退休后，被聘为广东省督学的他还依旧精力充沛地行走在基础教育的第一线。在父亲身上，我们读懂了作为老一辈的教育工作者，在历经岁月的打磨后，沉淀下来的不仅是一份人生的乐观和睿智，更有一份对教育本质的通透理解和质朴的热爱情感。因此，也是在他老人家殷殷地期望下，有了我这一次的勇敢挑战！由于认知的局限性，书中难免会存在各种问题，如有不妥之处，恳请读者提出宝贵意见！